Kauderwelsch
Band 119

Impressum

Robert Avak
Armenisch – Wort für Wort
erschienen im
REISE KNOW-HOW Verlag Peter Rump GmbH
Osnabrücker Str. 79, D-33649 Bielefeld

1. Auflage 1999

Bearbeitung Alexander Schwarz
Umschlag Peter Rump
Layout-Konzept Günter Pawlak, FaktorZwo! Bielefeld
Layout Günter Pawlak
Fotos Robert Avak
Druck und Bindung Fuldaer Verlagsanstalt GmbH, Fulda

ISBN 3-89416-321-6
Printed in Germany

Dieses Buch ist erhältlich in jeder Buchhandlung der BRD, Österreichs, der Schweiz und der Niederlande. Bitte informieren Sie Ihren Buchhändler über folgende Bezugsadressen:

BRD Prolit GmbH, Postfach 9, 35461 Fernwald (Annerod)
sowie alle Barsortimente

Schweiz AVA-buch 2000, Postfach 27, CH-8910 Affoltern

Österreich Mohr Morawa Buchvertrieb GmbH
Sulzengasse2, A-1230 Wien

Niederlande Assimil Benelux, 5-7 Rue des Pierres, B-1000 Bruxelles

Wer im Buchhandel kein Glück hat,
bekommt unsere Bücher auch direkt bei:
Rump Direktversand
Heidekampstraße 18, D-49809 Lingen (Ems)

Zu diesem Buch ist eine **Tonband-Kassette** erhällich.
Näheres dazu auf Seite 12.

Kauderwelsch

Robert Avak

Armenisch

Wort für Wort

Der
Reise Know-How Verlag
Peter Rump GmbH
ist Mitglied der
Verlagsgruppe Reise Know-How

Kauderwelsch-Sprechführer sind anders!

Warum? Weil sie Sie in die Lage versetzen, wirklich zu sprechen und die Leute zu verstehen.

Wie wird das gemacht? Abgesehen von dem, was jedes Sprachbuch bietet, nämlich Vokabeln, Beispielsätze etc., zeichnen sich die Bände der Kauderwelsch-Reihe durch folgende Besonderheiten aus:

Die **Grammatik** wird in einfacher Sprache so weit erklärt, daß es möglich wird, ohne viel Paukerei mit dem Sprechen zu beginnen, wenn auch nicht gerade druckreif.

Alle Beispielsätze werden doppelt ins Deutsche übertragen: zum einen **Wort-für-Wort,** zum anderen in „ordentliches" Hochdeutsch. So wird das fremde Sprachsystem sehr gut durchschaubar. Denn in einer fremden Sprache unterscheiden sich z. B. Satzbau und Ausdrucksweise recht stark vom Deutschen. Ohne diese Übersetzungsart ist es so gut wie unmöglich, schnell einzelne Wörter in einem Satz auszutauschen.

Die **Autorinnen** und **Autoren** der Reihe sind Globetrotter, die die Sprache im Land selbst gelernt haben. Sie wissen daher genau, wie und was die einfachen Leute auf der Straße sprechen. Deren Ausdrucksweise ist nämlich häufig viel einfacher und direkter als z. B. die Sprache der Literatur.

Besonders wichtig sind im Reiseland die **Körpersprache, Gesten, Zeichen und Verhaltensregeln,** ohne die auch Sprachkundige kaum mit Menschen in guten Kontakt kommen. In allen Bänden der Reihe wird darum besonders auf diese Art der nonverbalen Kommunikation eingegangen.

Kauderwelsch-Sprachführer sind keine Lehrbücher, aber viel mehr als Sprachführer! Wenn Sie ein wenig Zeit investieren und einige Vo kabeln lernen, werden Sie mit ihrer Hilfe in kürzester Zeit Informationen bekommen und Erfahrungen machen, die „taubstummen" Reisenden verborgen bleiben.

Inhalt

Armenisch (hajeren), eine der ältesten Sprachen der Welt, gehört zu einem unabhängigen Zweig der indogermanischen Sprachenfamilie und wird von insgesamt 7,5 Millionen Menschen gesprochen. Es ist die Muttersprache von etwa 3,5 Millionen Armeniern in der jetzt schon seit sieben Jahren unabhängigen Republik Armenien, aber auch die der „Auslandsarmenier" oder „Armenier der Diaspora" (ßpjurrkahajer), die allerdings eine andere Variante der Sprache sprechen, und zwar das Westarmenisch (arewmt'ahajeren). Diese Variante wird vor allem von den in der Türkei, in Syrien, im Irak und anderen nahöstlichen Ländern lebenden Armeniern verwendet, außer dem Iran, wo man, wie in der Republik Armenien selbst und der ganzen ehemaligen UdSSR, Ostarmenisch (arewelahajeren) spricht. Dieser Sprachführer ist für Sprecher und Sprecherinnen der Ostvariante verfaßt worden, und ist nur auf dieser Variante basiert, da die meisten Benutzer dieses Büchleins wohl in die Republik Armenien reisen werden. Mit dem Ostarmenischen kommen Sie allerdings auch gut weiter, wenn Sie sich im

„westarmenischen" Sprachraum befinden sollten, obwohl viele behaupten werden, die Unterschiede seien erheblich. Die Unterschiede betreffen hauptsächlich den Satzbau und Wortschatz. Das Armenische wurde im Laufe der Geschichte von vielen Sprachen beeinflußt, unter anderem vom Persischen und den Vorläufern des Griechischen. In der Zeit der Sowjetherrschaft wurde es in hohem Maße vom Russischen beeinflußt, so daß heute noch unzählige Lehnwörter aus dem Russischen ihren definitiven Eingang in die Sprache gefunden haben. Wie in allen anderen Sprachen auch, kennt das Armenische zahlreiche Dialekte (etwa 50 bis 75).

Das uralte Volk der Armenier nennt sich Haj und sein Land Hajaßt'an (Armenien) oder Hajaßt'ani hanrap'et'utjun (Republik Armenien) und ist sehr stolz auf ihre Sprache. Das Wort Haj ist, wenn man den zahlreichen Legenden glauben darf, ursprünglich auf den von ihnen als Urvater des Volkes bezeichneten Hajk zurückzuführen, während **Armenien** aus dem Griechischen stammt. Etwa 90 Prozent der Einwohner der Republik besteht aus Armeniern, die restlichen 10 Prozent aus Russen, Griechen, Kurden, Jesiden, Assyrern und anderen. Fast alle Einwohner des Landes beherrschen neben ihrer Muttersprache auch Russisch, das sehr lange eine dominierende Rolle als Gesamtsprache für alle Völker der ehemaligen Sowjetunion spielte.

Vorwort und Hinweise zur Benutzung

Aufbau des Buches

Der Kauderwelsch-Band Armenisch ist in drei Abschnitte gegliedert:

Grammatik

Die Grammatik beschränkt sich auf das Wesentliche und ist so einfach wie möglich gehalten. Sie will zunächst mit den wichtigsten Regeln des Armenischen vertraut machen. Viele grammatikalische Erscheinungen, besonders Ausnahmen und sprachliche Feinheiten, müssen bei dieser knappen Darstellung naturgemäß unberücksichtigt bleiben. Aber auch so bietet dieser Abschnitt genügend Stoff, der sicher nicht in einem Durchgang zu bewältigen ist, sondern den man sich Schritt für Schritt unter Bezugnahme auf den Konversationsteil erarbeiten muß. Wer sich intensiver mit der Grammatik des Armenischen beschäftigen will, findet in den Literaturtips am Ende des Buches einige empfehlenswerte Sprachlehrwerke.

Konversation

In diesem Teil finden Sie Sätze aus dem Alltagsgespräch, die Ihnen einen Eindruck davon vermittelen, wie die armenische Sprache struk-

Kauderwelsch-Begleitkassette

Falls Sie sich die Sätze, die in diesem Buch vorkommen, einmal von einem Einheimischen gesprochen anhören möchten, können Sie sich die **Kauderwelsch-Begleitkassette** *zu diesem Buch besorgen, die über jeden Buchhändler zu beziehen ist. Sie bekommen sie aber auch beim Rump-Direktversand, Heidekampstr. 18, D-49809 Lingen.*

turiert ist und Sie auf das vorbereiten sollen, was Sie in Armenien hören werden.

Mit Hilfe der Wort-für-Wort-Übersetzung können Sie bald eigene Sätze bilden. Sie können die Beispielsätze als Fundus von Satzschablonen und -mustern benutzen, die Sie selbst Ihren Bedürfnissen anpassen. Um Ihnen das zu erleichtern, ist ein erheblicher Teil der Beispielsätze nach allgemeinen Kriterien geordnet (bitten, danken, wünschen usw.). Mit etwas Kreativität können Sie sich neue Sätze zusammenbauen, auch wenn das *Ergebnis* nicht immer grammatikalisch perfekt ausfällt.

Wörterlisten

Dabei helfen Ihnen die **Wörterlisten** am Ende des Buches. Sie enthalten einen Grundwortschatz von je ca. 1.000 Wörtern Deutsch-Armenisch und Armenisch-Deutsch, mit denen man eine ganze Menge Situationen meistern kann.

Wort für Wort-Übersetzung

Jede Sprache hat ein typisches Satzbaumuster. Um die sich vom Deutschen unterscheidende Wortfolge in den Sätzen besser durchschauen zu können, ist die Wort-für-Wort-Übersetzung in grauer, schiefer (kursiver) Schrift hinzugefügt. Jedem armenischen Wort entspricht ein Wort in der Wort-für-Wort-Übersetzung. Wird ein armenisches Wort im Deutschen durch zwei Wörter wiedergegeben, werden diese zwei Wörter in der Wort-für-Wort-Übersetzung mit einem Bindestrich verbunden. Zum Beispiel:

intschkan k'ët'ewi?
wieviel? wird-dauern-es
Wie lange dauert das?

herrachoßi hamarn e (...)
Telefon2 Nummer-die ist (...)
Die Telefonnummer lautet ...

Beim zweiten Beispielsatz kann man auch erkennen, daß direkt an einem Hauptwort, wenn nötig, mit der entsprechenden Zahl angegeben wird, in welchem Fall das armenische Wort steht.

Werden in einem Satz mehrere Wörter genannt, die man untereinander austauschen kann, steht ein Schrägstrich dazwischen:

dschermutjun / pork'ap'utjun / porluz'utjun unem.
Fieber / Verstopfung / Durchfall habe(-ich)
Ich habe Fieber / Verstopfung / Durchfall.

Zahlen

Um den Umgang mit Zahlen zu erleichtern, wird auf jeder Kauderwelsch-Seite die Seitenzahl auch auf armenisch angegeben!

Umschlagklappe

Die Umschlagklappe hilft, die wichtigsten Sätze und Formulierungen stets parat zu haben. Hier finden sich außerdem die wichtigsten Angaben zur Aussprache; weiterhin eine kleine Liste der wichtigsten Fragewörter, Richtungs- und Zeitangaben. Denn wer ist nicht schon einmal aufgrund mißverstandener Gesten im fremden Land auf die falsche Fährte gelockt worden?

Aufgeklappt ist der Umschlag eine wesentliche Erleichterung, da nun die gewünschte Satzkonstruktion mit dem entsprechenden Vokabular aus den einzelnen Kapiteln kombiniert werden kann.

Wenn alles nicht mehr weiterhilft, dann ist vielleicht das Kapitel „Nichts verstanden? – Weiterlernen!“ der richtige Tip. Es befindet sich ebenfalls im Umschlag (und etwas ausführlicher auch auf der Seite 163), stets bereit, mit der richtigen Formulierung für z. B. „Ich verstehe nicht.“ oder „Können Sie bitte langsam sprechen?“ auszuhelfen.

Man sagt, daß Sprache viele Türe öffnet, hoffentlich wird dieser Sprachführer der geeignete Schlüssel dazu sein!

Robert Avak

Alphabet und Aussprache

Das armenische Alphabet besteht in seiner heutigen Form aus 39 Buchstaben und wurde Anfang des 5. Jahrhunderts (etwa im Jahre 406) von Mesrob Mascht'oz geschaffen.

Die Schrift hat in den vergangenen Jahrhunderten in ihrer gegenwärtigen Form überlebt.

Zur Schreibung der vielen Fremdwörter wurden im 12. Jahrhundert zwei neue Buchstaben eingeführt.

Alphabet und Aussprache

Die in der Tabelle aufgeführten Buchstaben sind nach der armenischen alphabetischen Reihenfolge geordnet.

Groß.	Klein.	Laut	Aussprache	Beispiel
Ա	ա	a	„a“ wie in „Amboß“	**ant'arr** (Wald)
Բ	բ	*b*	„b“ wie in „Bonn“	**bant'** (Gefängnis)
Գ	գ	*g*	„g“ wie in „Gesicht“	**girk** (Buch)
Դ	դ	*d*	„d“ wie in „Dorf“	**desp'an** (Botschafter)
Ե	ե	*e*	Im Inlaut „e“ wie in „Lehrer“ Am Wortanfang „je“ wie in „jetzt“	**mez'** (groß) **jerschik'** (Wurst)
Զ	զ	*s*	stimmhaftes „s“	**sang** (Glocke) wie in „Saft“
Է	է	*e*	offenes und flaches „e“ wie in „endlich“	**eshan** (billig)
Ը	ը	*ë*	das dumpfe und kurze „e“ wie in „große“ oder „Vase“	**ënt'rel** (wählen)
Թ	թ	*t*	behauchtes „t“ wie in „Tiger“	**taz** (naß)

Ժ	ժ	*sh*	stimmhaftes „sch" wie in „Etage"	**shp'it'** (Lächeln)
Ի	ի	*i*	„i" wie in „ideal"	**isk'ap'es** (wirklich)
Լ	լ	*l*	„l" wie in „Laut"	**lar** (Saite)
Խ	խ	*ch*	rauhes „ch" wie in „Rache"	**chelok** (klug)
Ծ	ծ	*z'*	unbehauchtes und stimmloses „ts" etwa wie in „Bozen"	**z'arr** (Baum)
Կ	կ	*k'*	unbehauchtes „k"	**k'at** (Milch) etwa wie in „wirklich"
Հ	հ	*h*	„h" wie in Harald	**hamerg** (Konzert)
Ձ	ձ	*ds*	stimmhaftes „ds" wie in „Rundsaal"	**dsajn** (Stimme)
Ղ	ղ	*x*	stimmhaftes Reibelaut „ch", etwa wie „g" in „Wagen", „sagen" nach Berliner dialektischer Aussprache	**xek'** (Lenkrad)
Ճ	ճ	*tsch'*	unbehauchtes „tsch" etwa wie in „Apache"	**tsch'agar** (Kaninchen)

Մ	մ	*m*	„m“ wie in „Mann“	**majr** (Mutter)
Յ	յ	*j*	„j“ wie in „Januar“	**jot** (sieben)
Ն	ն	*n*	„n“ wie in „Nacht“	**naw** (Schiff)
Շ	շ	*sch*	„sch“ wie „Schubert“	**schakar** (Zucker)
Ո	ո	*wo*	Am Wortanfang „wo“ wie in „Wort“	**wotsch** (nein)
		o	Im Inlaut „o“ wie in „Mord“	**hor** (Brunnen)
Չ	չ	*tsch*	„tsch“ wie in	**tschapel** (messen) Tschetschenien
Պ	պ	*p’*	unbehauchtes und stimmloses „p“ wie in „Kupfer“ oder französ. „père“	**p’ars** (klar)
Ջ	ջ	*dsch*	stimmhaftes „dsch“ wie in „Dschungel“	**dschori** (Maulesel)
Ռ	ռ	*rr*	rauhes, gerolltes Zungen-„r“ etwa wie deutsch provinziell „radfahren“	**rrumb** (Bombe)
Ս	ս	*ß*	stimmloses „s“ wie in „lassen“	**ßexan** (Tisch)

Վ	վ	*w*	„w“ wie in „Wasser“	**wank** (Kloster)
Տ	տ	*t’*	stimmloses und unbehauchtes „t“	**t’ak** (warm)
Ր	ր	*r*	weiches zungenspitzen-„r“ etwa wie engl. „red“	**rop’e** (Minute)
Ց	ց	*z*	„z“ wie in „Ozon“	**zaw** (Schmerz)
Ու	ու	*u*	„u“ wie in „Uran“	**usel** (wollen)
Փ	փ	*p*	behauchtes „p“ wie in „Peter“	**pajt’** (Holz)
Ք	ք	*k*	behauchtes „k“ wie in „kalt“	**kaxak** (Stadt)
Եվ	և	*jew*	Zwielaut „jew“ am Wortanfang „ew“ im Inlaut	 **jewrop’a** (Europa) **jerewan** (Jerewan)
Օ	օ	*o*	„o“ wie in „Ost“ oder	**orinak’** (Beispiel) „Sonne”
Ֆ	ֆ	*f*	„f“ wie in „fern“	**fak’ult’et’** (Fakultät)

Einige Bemerkungen zur Aussprache

Armenische Mitlaute (Konsonanten) nach Artikulationsart:

Explosiva (Verschlußlaute)	**b, p, p', t, t', g, k, k'**
Affrikate (Verbindung eines Verschlußlautes mit Reibelaut)	**ds, z, z', dsch, tsch, tsch'**
Spiranten/Frikativa (Reibelaute)	**f, w, ß, s, sch, sh, ch, h**
Nasale (Luft entweicht durch die Nase)	**m, n**
Laterale/Vibranten (Seitenlaute/ Schwinglaute)	**r, rr, l, x**

Die mit Apostroph bezeichneten Mitlaute sind stimmlos und unbehaucht auszusprechen.

Stimmhafte Mitlaute in Auslautposition (am Wortende) sind stimmlos auszusprechen:

jerb	*jerp*	wenn
jerg	*jerk*	Lied

Armenische Vokale (Selbstlaute) nach Artikulationsart:

vordere Reihe (hell): **i, e**
mittlere Reihe: **a, ë**
hintere Reihe (dunkel): **o, u**

Der Vokal ը, in der Tabelle von „*ë*" repräsentiert, wird im Mitlaut manchmal zwar ausgesprochen, jedoch nicht geschrieben:

grel *gërel* schreiben

Hinweise zur Betonung
Im Armenischen wird praktisch immer die letzte Silbe eines Wortes betont.

Wörter, die weiterhelfen

ur e (...)? / wortex e (...)? — Wo ist ...?

neroxutjun, p'aron / t'ik'in,
Ani hjuranozë ur e?
Entschuldigung, Herr / Frau,
Ani Hotel-das wo? ist
Verzeihen Sie, wo ist bitte das Hotel Ani?

ur e rreßt'oranë / tsch'ascharanë?
wo? ist Restaurant-das
Wo ist das Restaurant?

wortex e k'ajaranë?
wo? ist Bahnhof-der
Wo ist der Bahnhof?

Noch einige Wörter, die Sie in derselben Weise verwenden können. Beachten Sie bitte die Geschlechtsendung (-**ë** *oder* -**n** *am Ende des Wortes). Mehr zu Geschlechtswörtern in „Hauptwörter (Substantive)“.*

sugaranë	Toilette-die
sboßajgin	Park-der
awt'obußi k'angarrë	Bushaltestelle-die
jertuxajin t'aksin	Sammeltaxi-das
t'akßin	Taxi-das
met'ron	U-Bahn-die
kaxaki k'ent'rronë	Innenstadt-die
terti k'ërpak'ë	Zeitungskiosk-das
jek'exezin	Kirche-die
tangaranë	Museum-das
t'urrißt'ak'an bjuron	Reisebüro-das

dexat'unë	Apotheke-die
(ßnndamterki) chanutë	(Lebensmittel-) Geschäft-das
poßt'at'unë	Postamt-das
herrachoßë	Telefon-das
milizijan / woßt'ik'anutjunë	Polizei-die
bshischk'ë	Arzt-der
hiwandanozë	Krankenhaus-das
deßp'anat'unë	Botschaft-die
t'omßark'xë	Fahrkarten-schalter-der

(dep'i) atsch	(nach) links
(dep'i) dsach	(nach) rechts
atsch k'oxmë	auf der rechten Seite
dsach k'oxmë	auf der linken Seite
ajßt'ex e	hier ist es (es ist hier)
ajnt'ex e	es ist dort
uxix	geradeaus
arrdshewum	vor
jet'ewum	hinten
dimazë	gegenüber
herru	weit
mot'ik'	nah

Einige Richtungshinweise zur Orientierung und der Verdeutlichung Ihrer Informationen.

jes k'usenaji (...) gnel / chmel
Ich möchte (...) kaufen / trinken.
jes kusei (...) gnel / chmel

barraran	Wörterbuch
uxezujz	Reiseführer
mi schisch k'onjak'	eine Flasche Weinbrand/Brandy
mi schisch gini	eine Flasche Wein
mirg	Obst
ßurtsch'	Kaffee
mi bashak' hjut	ein Glas Saft
t'omß	Fahrkarte / Eintrittskarte

Übrigens kann man statt jes k'usenaji (...) gnel auch jes k'ëzank'anaji (...) gnel verwenden, das etwa „Ich hätte (...) zu kaufen gewünscht" bedeutet. Etwas stärker ist jes usum em (...), **das ich will (...)** bedeutet, und einigermaßen dringlich klingt.

Anstatt gnel – **kaufen** könnte man auch andere Tätigkeitswörter benutzen, die eine Handlung ausdrücken, z. B. chmel – **trinken** oder ut'el **essen.**

(...) unek?	Haben Sie ...?

nerezek, warzu ßenjak' unek?
verzeihen-Sie, Mieten-zum Zimmer haben(-Sie)?
Verzeihen Sie, haben Sie ein Zimmer frei?

ajo, unenk. Ja, haben wir.
wotsch, zawok tschunenk. Nein, haben wir leider nicht.

kani arrshe? workan arshe? intschkan arshe?	Was / Wieviel kostet es?

workan arshe t'omßë?
wieviel? kostet Eintrittskarte-die
Was kostet die Eintrittskarte?

ßa kani arshe?
wieviel? kostet das
Wieviel kostet das?

Hauptwörter (Substantive)

Zunächst eine erfreuliche Botschaft: Im Armenischen gibt es kein grammatikalisches Geschlecht. Das bedeutet, daß man bei der Verbeugung nicht drei verschiedene Formen für männlich, weiblich oder sächlich lernen muß.

Bei Hauptwörtern kann sich die Grundform, wie im Deutschen auch, aus verschiedenen Gründen doch ändern, zum Beispiel beim Gebrauch des bestimmten Artikels (der, die, das). Der bestimmte Artikel wird immer an das Hauptwort angehängt.

Im Armenischen ist diese Endung jeweils **-ë** oder **-n.** Wenn das Hauptwort auf einem Mitlaut endet, so bekommt das Wort die Endung **-ë,** in übrigen Fällen die Endung **-n.** Zum Beispiel:

girk	Buch
girkë	das Buch
avt'omekena	Automobil
avt'omekenan	das Automobil

Bemerkung: Fängt das nächste Wort mit einem Selbstlaut (Vokal) an, verwendet man allerdings ausnahmsweise doch die Endung **-n.** Beispiel:

girkn u avt'omekenan	das Buch und das Auto

Wenn in einem Satz von Personen die Rede ist, bekommen diese ebenfalls einen Artikel in Form einer Endung.

p'aron Mowßißjanë	Herr Mowsisjan (der)
Leninë	Lenin (der)

Mehrzahl

Die Mehrzahl wird bei einsilbigen Hauptwörtern mit der Endung **-er** und bei mehrsilbigen Hauptwörtern mit **-ner** gebildet.

namak'	Brief
namak'ner	Briefe
or	Tag
orer	Tage
avt'omekena	Auto
avt'omekenaner	Autos
amiß	Monat
amißner	Monate
tert	Zeitung
terter	Zeitungen

Es gibt allerdings einige Hauptwörter, die ausnahmsweise eine Lautveränderung erfahren, die etwas von der obigen Grundregel abweicht. Manche dieser Lautveränderungen sind jedoch in der gesprochenen Sprache (wenn schnell gesprochen wird) kaum hörbar, müssen aber in der Schriftsprache korrekt geschrieben werden.

gin	Preis
gner	Preise
girk	Buch
grker	Bücher
dsu	Ei
dswer	Eier
dschur	Wasser
dschrer	Gewässer

Es gibt auch hier wieder Ausnahmen, wobei man diese abweichende Mehrzahlsform in der gesprochenen Sprache doch deutlich aussprechen sollte. Diese muß man schlicht lernen, dafür gibt es leider keine Regel. Hier sind einige wichtige Beispiele:

lerrner	Berge
drrner	Türen
matner	Finger
wotner	Füße

Dieses, das da & jenes

Hinweisende Fürwörter (dieser, jene, solcher) werden je nach Abstand vom Sprecher in drei verschiedene Kategorien eingegliedert und können sich je nach dem sowohl auf Personen als auch auf Sachen beziehen.

ajß / ßa	**ajd / da**	**ajn / na**
diese(r, -es) hier	diese(r, -es)	jene(r, -es)

Man kann auch zusammengesetzte Formen bilden:

ajßt'ex	hier
ajdt'ex	dort, da
ajnt'ex	dort
ajßp'eß	so
ajdkan	so viel

Es sei erwähnt, daß hinweisende Fürwörter in Kombination mit grammatischen Fällen ebenfalls gebeugt werden können. Einige Beispiele im Deutschen sind **damit, davon, darin, dafür.** Die Fälle werden aber erst im Kapitel „Die 7 Fälle“ an die Reihe kommen.

Eigenschaftswörter (Adjektive)

Im Gegensatz zum Deutschen werden Eigenschaftswörter im Armenischen nicht gebeugt (guter Mann, des guten Mannes, einer schönen Frau, usw.). Die Form des Eigenschaftswortes ändert sich nicht.

Diese Wortart kann übrigens in vielen Fällen auch als selbstständiges Hauptwort gebraucht werden. (Vergleiche auch im Deutschen.)

das kranke Mädchen	**hiwand axdschik'ë**
der/die Kranke	**hiwandë**

Hier einige Beispiele wichtiger Eigenschaftswörter:

hin	alt	**ßirun/gexezik'**	schön
eshan	billig	**jerk'ar**	lang
lajn	breit	**dandax**	langsam
hast'	dick	**dat'ark'**	leer
mut	dunkel	**hescht'**	leicht (einfach)
nex	eng	**hognaz'**	müde
ßchal	falsch	**nor**	neu
herru	fern	**tsch'ischt'**	richtig
asat'	frei	**hangißt'**	ruhig
tarm	frisch (Obst)	**wat'**	schlecht
hatsch'eli	angenehm	**makur**	sauber
ttu	sauer (Geschmack)	**arag**	schnell

Eigenschaftswörter (Adjektive)

urach	glücklich, fröhlich	**k'z'u**	scharf (Geschmack)
mez'	groß	**axi**	salzig
law	gut	**ushex**	stark
t'ak	heiß/warm	**argelwaz'**	verboten
het'akrkir	interessant	**wiraworwaz'**	verletzt
pokr	klein	**k'arewor**	wichtig
dsri	kostenlos	**tetew**	leicht (Gewicht)
hiwand	krank	**dshwar**	schwer (kompliziert)
k'artsch'	kurz	**kaxzaz'**	hungrig

Farben

ßew	schwarz
dartschnagujn	zimtfarbig braun
narndschagujn	orangenfarbig orange
ßp'it'ak'	weiß
k'armir	rot
k'ap'ujt'	blau
k'anatsch	grün
dexin	gelb
wardagujn	rosa
manuschak'agujn	violett

Ableitungen von Eigenschaftswörtern

Eigenschaftswörter haben nicht nur einen eigenschaftsbeschreibenden Charakter, sondern lassen sich ebenfalls nach ihrer Bedeutung unterscheiden. Normalerweise werden die Endungen einfach an das jeweilige Grundwort (Hauptwort oder Tätigkeitswort) angehängt und schon erhält man ein abgeleitetes Eigenschaftswort. Wir behandeln im folgenden die wichtigsten Kategorien mit ihren spezifischen Bildungsendungen:

Eindruckswörter
(kennzeichnen einen Eindruck, eine Beschaffenheit, Ähnlichkeit, Neigung oder gewisse Eigenschaft. Bildungen oft auf **-ot'** *und* **-ajin***)*

karot'	steinig
juxot'	fettig
wachk'ot'	furchtsam
k'ext'ot'	schmutzig
lerrnajin	bergig

Eignungswörter
(gibt die Möglichkeit oder Fähigkeit an. Nachsilben **-i, -arar, -zuzitsch***)*

chmeli	trinkbar
p'it'ani	nützlich
anmorranali	unvergeßlich
sowazuzitsch	erfrischend
hognezuzitsch	ermüdend
arroxdscharar	heilsam

Ableitungen von Eigenschaftswörtern

Verhaltenswörter
(Ableitungen von gesellschaftlichen Begriffen, Herkunft, Art, Merkmal und Besitzbezeichnungen. Endungen meistens **-ak'an, -awor, -ali, -ik'***)*

ënk'erak'an	freundschaftlich
kaxakak'an	politisch
k'ok'ik'	ordentlich
grawor	schriftlich
wt'angawor	gefährlich
hnarawor	möglich
anhaßk'anali	unverständlich
hraschali ardsak'urd	wunderbare Ferien
orak'an	täglich
hajk'ak'an	armenisch
germanak'an	deutsch
awßt'riak'an	österreichisch

Orientierungswörter
(Angaben über Raum und Zeitdauer, Beziehungen, Herkunft, Stoffbezeichnungen und Eigennamen werden gebildet mit **-in, -i, -ak'an, -awun***)*

nerkin	innere
art'akin	äußere
midschin	mittlere
woßk'e	golden
jerk'ate	eisern
p'et'ak'an	staatlich
ajßt'exi	hiesig
ajnt'exi	dortig
jerk'u shamanoz (ajzelutjun)	zweistündig(er Besuch)
jerek'wa	gestrig
himik'wa	jetzig
nachk'in	ehemalig
ogt'awet'	günstig, heilsam
k'armrawun	rötlich
hnarawor	möglich
bshschk'ak'an (het'asot'utjun)	ärztlich(e Untersuchung)
sgajun (mort)	empfindlich(e Haut)

Umstandswörter (Adverbien)

Umstandswörter kann man nach ihrem Charakter in einige Kategorien einteilen:

Umstandswort der Zeit

hima	jetzt
jerek'	gestern
waxë	morgen
het'o	später
noriz	nochmals
ajßor	heute
schut'ow	bald
ißk'ujn	auf der Stelle, sofort

Umstandswort des Ortes

ajßt'ex	hier
amenur	überall
nerß	drinnen, innerhalb
durß	draußen, außerhalb
atsch	rechts
dsach	links
uxix	geradeaus
ajlur	anderswo

Umstandwort der Art und Weise und der Menge

ajßp'eß	so, auf diese Art
miajn	nur
schat'	sehr, in hohem Grade
ßirow	gerne, „mit Liebe/Vergnügen“
bardsr	laut, hoch
mot'aworap'eß	etwa, ungefähr

Steigern & Vergleichen

Beim Vergleich sprachlicher Vorstellungen sind sowohl bei den Eigenschaftswörtern als auch bei den Umstandswörtern drei Steigerungsstufen zu unterscheiden: die Grundstufe (Positiv) und die Vergleichsstufen I und II (Komparativ und Superlativ).

Grundform: hoch
Vergleichsstufe I: höher
Vergleichsstufe II: höchst / am höchsten

Bei der Bildung der Vergleichsstufe I steht im Armenischen üblicherweise das Wort **aweli** *(mehr) vor der Grundform.*

herru	fern	**aweli herru**	ferner
mez'	groß	**aweli mez'**	größer

Die Vergleichsstufe II wird in den meisten Fällen durch Anhängung von **amena-** *oder* **ameniz** *an die Grundform gebildet.*

amenaherru	am fernsten
amenamez'	größst/am größten, ältest/am ältesten
amenatank'	teuerste

Bei Vergleichen, bei denen die Bedeutung ***mehr als*** *gemeint ist, verwendet man* **aweli kan.**

aweli kan 5000 dram	mehr als 5000 Drams
aweli kan 30 t'urißt'	mehr als 30 Touristen

Wenn zwei Personen oder Sachen miteinander verglichen werden, gebraucht man im Armenischen aweli ... kan (mehr ... als), oder -iz aweli (von ... mehr). Zum Anhang **-iz** siehe das Kapitel „Die 7 Fälle".

Beispiele:

Aschot'ë aweli mez' e kan Geworkë.
Aschot-der mehr alt ist als Gework-der

oder

Aschot'ë Geworkiz aweli mez' e.
Achot-der Gework7 mehr alt ist
Aschot ist älter als Gework.

Persönliche Fürwörter

jeß	ich
du	du
na	er/sie/es
menk	wir
duk	ihr
nrank	sie

Im Gegensatz zum Deutschen sind die armenischen Fürwörter nicht geschlechtsbezeichnend, das heißt, ein Unterschied zwischen er/sie, ihm/ihr, ihres/seines gibt es nicht.

Die Höflichkeitsform bei formellen Anlässen ist duk (wie die 2. Person Mehrzahl) und sollte immer verwendet werden, wenn man jemanden gerade erst kennengelernt hat oder nur oberflächlich kennt.

Besitzanzeigende Fürwörter

Besitzanzeigende Fürwörter stehen vor dem jeweiligen Hauptwort oder werden anstelle von diesem benutzt, etwa wie folgt:

im	mein	**mer**	unser
ko	dein	**dser**	euer
nra	sein/ihr	**nranz**	ihr

imë	der/die/das meine
merë	der/die/das unsere
konë	der/die/das deine
dserë	der/die/das eure
nranë	der/die/das seine/ihre
nranzë	der/die/das ihre

im jerk'irë	mein Land
dser ënk'erë	ihr Freund (Höflichkeitsform)
mer hjuranozë	unser Hotel

Tätigkeitswörter (Verben)

Das moderne Armenisch hat das Verbalsystem des klassischen Armenisch neu gestaltet. Die Gegenwartsform (Präsens, nerk'a) und die unvollendete Vergangenheitsform (Imperfekt anzjal ank'at'ar) deuten im Unterschied zum Altarmenischen auf einen analytischen Sprachbau hin. Das heißt, daß bei der Beugung (also beim Bilden der Personal-, Zeit-, Aussage- und Zeitformen) die verschiedenen Angaben zu Zeit, Person, Zahl, usw. auf mehrere Wörter verteilt werden:

berum em '	**berum ei '**
am Bringen bin	*am Bringen war*
(ich) bringe	(ich) brachte

Die Grundform des Verbs (Infinitiv), beispielsweise **lesen** oder **schreiben** endet entweder auf **-el** oder **-al.** Beispiele:

grel	schreiben
k'ardal	lesen

Aus der Grundform entsteht der Stamm, indem man die Endungen **-el** und **-al** wegläßt. In den obigen Beispielen erhält man dann die Stämme **gr** und **kard.**

Tätigkeitswörter (Verben)

Zur Bildung der Gegenwartsform des Armenischen wird dem jeweiligen Stamm die Nachsilbe **-um** angehängt:

grum	schreibe
k'ardum	lese

Zur Vervollständigung der Gegenwartsform, folgt jetzt jeweils ein Hilfsverb, und zwar stets eine Form des Hilfsverbs **sein** linel. Deshalb im folgenden zunächst die Beugung des Verbs linel:

(jes)	**em**	(ich)	bin
(du)	**eß**	(du)	bist
(na)	**e**	(er/sie/es)	ist
(menk)	**enk**	(wir)	sind
(duk)	**ek**	(ihr)	seid
(nrank)	**en**	(sie)	sind

Ein Beispielsatz: **jes hajeren haßk'anum em.**
Ich verstehe Armenisch.

Die Beugung am Beispiel grel – ***schreiben*** *lautet dann so.*

grum em	(ich) schreibe
grum eß	(du) schreibst
grum e	(er/sie/es) schreibt
grum enk	(wir) schreiben
grum ek	(ihr) schreibt
grum en	(sie) schreiben

k'ardum em	(ich) lese
k'ardum eß	(du) liest
k'ardum e	(er) liest
k'ardum enk	(wir) lesen
k'ardum ek	(ihr) lest
k'ardum en	(sie) lesen

Ein weiteres Beispiel, nun mit einem Verb mit **-al**-Endung: k'ardal – **lesen.**

Die Endung **-um** *wird ebenfalls für die Bildung der „unvollendeten" Vergangenheitsform verwendet, darüber später mehr.*

Fast alle armenischen Verben können auf die obige Weise gebeugt werden. Nur in einigen Ausnahmefällen weicht die regelmäßige Beugung von der obigen Formel etwas ab.

Wichtige Tätigkeitswörter

aschchat'el	arbeiten
apr'el	leben
barewel	begrüßen
bazel	öffnen
gnal	gehen
gnel	kaufen
grel	schreiben
sangel	anrufen
targmanel	übersetzen
lßel	hören
chmel	trinken
k'antschel	rufen
k'ardal	lesen
najel	(sich an)sehen
ut'el	essen
p'arel	tanzen
ßoworel	lernen
pochel	wechseln
knel	schlafen
ognel	helfen

Zukunft (Futur)

Die Zukunftsform kann im Armenischen auf verschiedene Weise ausgedrückt werden.

Die erste Methode, besteht darin, daß man zuerst die Zukunfts-Vorsilbe **k'ë-** vor den Stamm der Grundform eines Verbs stellt. Diese neugebildete Einheit (k'ë+Stamm) wird wiederum jeweils einer dieser Endungen hinzugefügt, wenn die Grundform des Verbs auf **-el** endet:

em-eß-e	(1., 2., 3. Person Einzahl)
enk-ek-en	(1., 2., 3. Person Mehrzahl)

und die Endungen:

am-aß-a	(1., 2., 3. Person Einzahl)
ank-ak-an	(1., 2., 3. Person Mehrzahl)

wenn die Grundform des Verbs auf **-al** endet.

Ein Beispiel für Verben auf **-el:** die Grundform des Verbs 'schreiben' ist grel. Der Stamm von grel ist **gr-.** Nun wird die Vorsilbe **k'ë-** vorangestellt, wodurch man k'ëgr- erhält, und schließlich wird jeweils eine der obigen personensgebundenen Formen ausgewählt, zum Beispiel 1. Person Einzahl (em), damit ergibt sich:

k'ëgrem
Ich werde schreiben.

Diese Form wird meistens im Falle einer vorausblickender Erwartung eines künftigen Geschehens gebraucht, oder wenn sich der Sprecher seiner Sache ziemlich sicher ist.

Ein anderes Beispiel, diesmal für Verben auf **-al:** gnal - **gehen**

Der Stamm von gnal heißt **gn-.** Wenn man **k'ë** dem Stamm vorstellt (k'ëgn-) und anschließend enk (1. Person Mehrzahl) anhängt, erhält man die Form

k'ëgnank
Wir werden gehen.

Achtung:
Die Grundform des Verbs ***sein*** *heißt* linel, *wobei die Zukunftsformen dieses Verbs in allen Endungen und Formen regelmäßig verlaufen, mit Ausnahme der 3. Person Einzahl (*k'ëlini, *und nicht wie die Regeln vorschreiben:* k'line*).*

Die zweite Möglichkeit, die Zukunft zu formen, benutzt man, um eine Verabredung, eine Vorbestimmung, den Willen des Schicksals oder gar eine milde Verbindlichkeit oder Verpflichtung auszudrücken.

Gnazkë p'it'i mek'ni shamë t'aßin.
Zug-der muß abfahren Uhr-die zehn-um
Der Zug muß um zehn Uhr abfahren.

Na p'it'i aschchat'i.
er/sie/es muß arbeiten(-er/sie/es)
Er muß arbeiten. (wie jeder andere auch)

Jeß p'it'i hajeren choßem.
ich muß Armenisch sprechen(-ich)
Ich muß armenisch sprechen. (sonst werde ich die Sprache ja nie lernen können)

Der Ausdruck p'it'i *steht einer Form des Verbs vor, die in diesem Buch „einfache Form" genannt wird. Diese „einfache Form" des Verbs ist genau dieselbe, die zur Bildung der 1. Methode benutzt wird (ohne* k'ë-*), mit Ausnahme der 3. Person Einzahl bei Verben auf* **-el.** *Die 3. Person Einzahl bekommt die Endung* **-i** *statt* **-e.**

Die dritte Methode, die Zukunft auszudrücken ist relativ einfach zu bilden. An die Grundform des Verbs wird die Nachsilbe **–u** angehängt; hiernach folgt die Gegenwartsform von linel (sein) in der jeweiligen Person.

jeß grelu em.
ich schreiben-werde bin
Ich werde schreiben.

menk galu enk Ascht'arak'.
wir kommen-werden sind(-wir) Aschtarak
Wir werden nach Aschtarak kommen.
(haben die Absicht)

Vergangenheit

Imperfekt

Die Formen des Imperfekts, also der Vergangenheit eines ablaufenden Vorgangs, für das Tätigkeitswort linel (sein) sind wie folgt:

ei	ich war
eir	du warst
er	er war
eink	wir waren
eik	ihr wart
ein	sie waren

menk Jerewanum eink.
wir Jerewan-in3 waren
Wir waren in Jerewan.

Der Imperfekt, die vollendete Vergangenheitsform, bezieht sich fast ausschließlich auf eine einzige Situation in der Vergangenheit, mit der Vorstellung eines mehr oder weniger genauen Zeitpunktes, der abgelaufen ist.

Den Imperfekt kann man im Deutschen mit der einfachen Vergangenheitsform vergleichen (er lachte, er schrieb). Zunächst werden wir uns jene Tätigkeitswörter ansehen, die auf **-el, -nel** und **-znel** enden.

In dieser Form bestehen drei Gruppen von Endungen:

Die erste Gruppe

-i	**gorz'ezi**	ich arbeitete
-ir	**gorz'ezir**	du arbeitetest
–	**gorz'er**	er/sie/es arbeitete
-ink	**gorz'ezink**	wir arbeiteten
-ik	**gorz'ezik**	ihr arbeitetet
-in	**gorz'ezin**	sie arbeiteten

Für die erste Gruppe gilt, daß dem Stamm der Grundform des Verbs **-ez** hinzugefügt wird. Ein Beispiel:

das Verb **schreiben**

schreiben	**grel**	Grundform
	gr-	Stamm der Grundform
	grez-	Imperfekt-Stamm
ich schrieb	**grezi**	

-a	**ßt'aza**	ich bekam
-ar	**ßt'azar**	du bekamst
-aw	**ßt'azaw**	er/sie/es bekam
-ank	**ßt'arank**	wir bekamen
-ak	**ßt'azak**	ihr bekamt
-an	**ßt'azan**	sie bekamen

Die zweite Gruppe

Den Imperfekt-Stamm für die zweite Kategorie bildet man, indem die Endungen **-nel** oder **-tschel** der Grundform des Verbs zunächst einfach weggelassen werden. Diese werden durch die jeweilige gewünschte Endung der zweiten Kategorie ersetzt. Hierzu auch ein Beispiel:

das Verb **sehen**

sehen	**t'eßnel**	Grundform des Verbs
sah-	**t'eß-**	Imperfekt-Stamm
ich sah	**t'eßa**	

Die dritte Gruppe

Die dritte Kategorie, nämlich bei manchen Tätigkeitswörtern, deren Grundform auf **-znel** endet, z. B. anzk'aznel **erleben/hinter sich bringen/durchmachen,** wird folgendermaßen gebildet:

Das **-nel** der Grundform wird gestrichen und durch **-r** ersetzt, dem dann eine der persönlichen Endungen der ersten Kategorie hinzugefügt wird:

anzk'aznel	Grundform
anzk'az- + -r	Imperfekt-Stamm
anzk'azri	ich erlebte

Für Tätigkeitswörter, die auf **-al** enden, gibt es zwei Kategorien:

Bei der ersten wird die Endung **-al** der Grundform des Verbs durch **-az** ersetzt und mit einer der persönlichen Endungen der ersten Kategorie (siehe oben) ergänzt:

Beispiel **lesen:**

k'ardal	Grundform
k'ardaz-	Imperfekt-Stamm
k'ardazi	ich las

Die zweite Kategorie besteht aus Tätigkeitswörtern, die auf **-nal, -enal** oder **-anal** enden. Hier handelt man folgendermaßen:

das **-n-** in den Endungen wird gestrichen, ein **-z-** wird dazugegeben, darauf folgt eine besondere Reihe, nämlich:

-a
-ar
-aw

-ank
-ak
-an

Beispiel **vergessen:**

morranal	Grundform
morra-	Imperfekt-Stamm
morraza	ich vergaß

Perfekt

Die Bildung ergibt sich ganz einfach, nämlich durch Anhängung von **-el** an den Stamm der Grundform eines Verbes, zusammen mit der Gegenwartsform des Verbes linel **sein** als Hilfsverb. In der Praxis sehen die Grundform und die neugebildete Stamm + **-el** Kombination vollkommen gleich aus und sind nicht voneinander zu unterscheiden.

sehen

t'eßnel	Grundform
t'eß + **el** + **em**	Stamm + **-el** + Gegenwartsform von linel (am Beispiel 1. Person Einzahl)
t'eßel em	ich habe gesehen

Für Verben die auf **-al** enden, gelten dieselben Regeln, mit dem Unterschied, daß in diesen Fällen der Imperfekt-Stamm (siehe Beispiel morranal) zum Vergangenheitsmittelwort **-el** hinzugefügt wird:

morranal
morra- + **-z-el** + **em** ich habe vergessen

Befehlsform (Imperativ)

Die Befehlsform eines Verbs gibt einen Wunsch oder eine Aufforderung des Sprechers wieder. Die Imperativformen im Armenischen beschränken sich üblicherweise auf zwei Varianten: Die 2. Person Einzahl und die 2. Person Mehrzahl. Die Bildung der Formen in der ersten Person erfolgt bei Tätigkeitswörtern, die auf **-el** enden durch Anhängung von **-ir** und bei Wörtern auf **-al** durch Anhängung von **-a** an den Stamm des Verbes. Bei Verben auf **-nal** wird **-ir,** bei Verben auf **-znel** wird **-ru** an den Imperfekt-Stamm angehängt. Bei Grundformen der Verben auf **-nel** und **-tschel** wird jeweils das **n** und **tsch** des Stammes weggelassen und **-ir** angehängt. Einige Beispiele:

Grundform	Stamm	Befehlsform	
choßel	**choß-**	**choßir**	Sprich!
gnal	**gn-**	**gna**	Geh!
harznel	**harz-**	**harzru**	Frage!

Es gibt leider auch bei manchen Verben unregelmäßige Formen, dazu gehören zum Beispiel anel (tun, machen), ut'el (essen), gal (kommen), t'al (geben). Hier eine kleine Kostprobe für die 2. Person Einzahl.

ara	tue!
k'er	iß!
jek'	komm!
t'ur	gib!

Bei der 2. Person Mehrzahl gibt es die folgenden Regeln:

Bei Verben, die auf **-el** enden gilt, daß sie die Nachsilbe **-ezek** am Verbstamm tragen, bei jenen auf **-nel,** die Nachsilbe **-ek** am Verbstamm ohne das **-n-.** Verben auf **-tschel** bekommen wiederum **-ek** an den Stamm, diesmal ohne das **-tsch-.** Tätigkeitswörter auf **-znel** tragen **-rek** am Imperfekt-Stamm, jene auf **-al** jedoch **-azek** (auch am Imperfekt-Stamm). Schließlich haben jene auf **-nal** die Nachsilbe **-zek** am Ende ihres Imperfekt-Stammes. Beispiele:

Grundform	Stamm	Befehlsform	
grel	**gr-**	**grezek**	(schreibt!)
harznel	**harz-**	**harzrek**	(fragt!)
k'ardal	**k'ard-**	**k'ardazek**	(lest!)

Übrigens kann die Befehlsform durch die Partikel (Lagewort) mi (nicht) verneint werden. In diesen Fällen braucht man lediglich mi vor der betreffenden Form zu setzen:

mi morrazek vergeßt nicht!/nicht vergessen!

Sein

In den unten erwähnten Sätzen finden Sie einige Formen des unregelmäßigen Tätigkeitswortes für **sein** (linel):

ajd intsch e?
das was? ist
was ist das?

jeß ajßtex em.
ich hier bin
ich bin hier

Hajaßt'ani dexdserë kaxzr en.
Armenien2 Pfirsiche-die süß sind(-sie)
Armenische Pfirsiche sind süß.

Zur Erinnerung hier noch einmal in einer übersichtlichen Liste die unregelmäßige Verbeugung von linel:

Im Armenischen wird das Tätigkeitswort für **sein** auch vielfältig als Hilfsverb eingesetzt (ich bin angekommen). In einem Fragesatz geht dem Hilfsverb das Fragewort immer voran.

Gegenwart	**Vergangenheit** (Imperfekt)	**Zukunft** (k'ë-Variante)
jeß em ich bin	**jeß ei** ich war	**jeß k'ëlinem** ich werde sein
dueß du bist	**du eir** du warst	**du k'ëlineß** du wirst sein
na e er ist	**na er** er war	**na k'ëlini** er wird sein
menk enk wir sind	**menk eink** wir waren	**menk k'ëlinenk** wir werden sein
duk ek ihr seid/ Sie sind	**duk eik** ihr wart/ Sie waren	**duk k'ëlinek** ihr werdet sein/ Sie werden sein
nrank en sie sind	**nrank ein** sie waren	**nrank k'ëlinen** sie werden sein

Haben, besitzen, es gibt ...

Das Tätigkeitswort für **haben, besitzen** heißt unenal im Armenischen. Der Stamm von unenal heißt lediglich **un-** Grammatikalisch gehört dieses Wort zu jener Verbengruppe, die auf **-el-** endet. Daraus ergibt sich folgendes Beugungsmuster:

Gegenwart	**Vergangenheit** (Imperfekt)	**Futur** (k'ë-Kategorie)
unem ich habe	**unei** ich hatte	**k'unenam** ich werde haben
uneß du hast	**uneir** du hattest	**k'unenaß** du wirst haben
uni er hat	**uner** er hatte	**k'unena** er wird haben
unenk wir haben	**uneink** wir hatten	**k'unenank** wir werden haben
unek ihr habt/ Sie haben	**uneik** ihr hattet/ Sie hatten	**k'unenak** ihr werdet haben/ Sie werden haben
unen sie haben	**unejin** sie hatten	**k'unenan** sie werden haben

jeß schat' uxeberr unem.
ich viel Gepäck habe
Ich habe viel Gepäck.

jeß wotschintsch tschunem dek'laraziajum granzelu.
ich nichts nicht-habe Zollerklärung3 registrieren-zu
Ich habe nichts anzugeben.

Für das deutsche ***es gibt, es besteht*** *verwendet man im Armenischen die Formel* **k'a** *(für die Einzahl) und* **k'an** *(für die Mehrzahl). Für* ***es gibt … nicht*** *hängt man eine* **tsch-** *an* ka *oder* kan, *also* tschk'a *und* tschk'an.

menk derr schat' shamanak' unenk.
wir noch viel Zeit haben(-wir)
Wir haben noch viel Zeit.

intsch k'a watsch'arrkum?
Was gibt es im Angebot?

amen t'eßak'i chanutner k'an.
Es gibt (allerhand) unterschiedliche Geschäfte.

Brauchen/benötigen

Für ***brauchen*** *sagt man im Armenischen* k'arik unenal - ***Bedürfnis haben.*** *Es ist notwendig, bei der Verwendung dieser Floskel darauf zu achten, daß das Objekt des Satzes im 2. Fall (Genitiv) steht.*

jeß nor barrarani k'arik unem.
ich neu Wörterbuch2 Bedürfnis habe
Ich brauche ein neues Wörterbuch.

Man kann jedoch auch sagen:
inds hark'awor e (...)
es ist mir notwendig / nötig (...).
oder
inds p'et'k e (...)
Ich brauche ...

Hier steht das persönliche Fürwort jeß *im 3. Fall (Dativ), daher auch die Form* inds *(mir). Mehr dazu im Kapitel „Die 7 Fälle".*

inds hark'awor e mi sujg dserrnoz.
mir notwendig ist ein paar Handschuh
Ich brauche (ein Paar) Handschuhe.

inds p'et'k e mi hamar mezë.
mir nötig ist eine Nummer groß-der
Ich brauche eine Nummer größer.

Notwendigkeit

Notwendigkeit kann man mittels p'et'k e (es ist nötig / notwendig) ausdrücken. Benutzt man dieses Wort in Kombination mit einem Tätigkeitswort, so erhält es die Bedeutung **notwendig sein** oder **müssen.** In dieser Bedeutung muß das Tätigkeitswort, das zusammen mit p'et'k e auftritt, eine der nachstehenden Endungen bekommen. Diese Endungen werden am einfachen Stamm des Tätigkeitwortes angehängt:

	Verben auf -el	-al
1. P. Einz.	-em	-am
2. P. Einz.	-eß	-aß
3. P. Einz.	-i	-a
1. P. Mehrz.	-enk	-ank
2. P. Mehrz.	-ek	-ak
3. P. Mehrz.	-en	-an

menk p'et'k e ßoworenk Wir müssen lernen.
jeß p'et'k e gnam Ich muß gehen.

Will man jedoch die Konstruktion inds p'et'k e (...) (es ist mir notwendig, daß ...) verwenden, so muß das jeweilige persönliche Fürwort im Wemfall (Dativ) stehen und das Tätigkeitswort in seiner Grundform, also:

mes p'et'k e ßoworel.
wir haben nötig zu-lernen
Wir müssen lernen.

inds p'et'k' e gnal.
ich habe nötig zu-gehen
Ich muß gehen.

Unbestimmte Fürwörter

Die unbestimmten Fürwörter lassen sich in drei Gruppen untergliedern: einfache, zusammengesetzte und phrasale (Redewendungen).

Die Fürwörter werden unterschiedlich in Einzahl und Mehrzahl gebraucht und bleiben nicht alle ungebeugt.

Unbestimmte Fürwörter

mek'ë	(irgend)eine(r)
mi kani	ein paar
worosch	einige
worjewe	(irgend) eine/einer/ eins, welche(r)/ welches dann auch
urisch	eine/ein andere/ anderer/anderes

Bestimmte Fürwörter

amen(ë) / bolorë	alle(s), jeder
amen intsch	alles
mjuß	andere(r / s)
nujn	dieselbe, dasselbe, derselbe
duk bolord	ihr alle

Verneinung von Fürwörtern

wotschintsch	nichts
wotsch wok / mek'ë	niemand
wotsch mi	kein, keine, keiner

Bestimmte Fürwörter können, wenn Sie als Hauptwort auftreten, gebeugt werden:

	mjuß andere(r/s)
1. Fall	**mjußë**
2. Fall	**mjußi**
3. Fall	**mjußin**
4. Fall	**mjußin**
5. Fall	**mjußow**
6. Fall	**mjußum**
7. Fall	**mjußiz**

Satzbau

In der Regel entsprechen die Grundstrukturen des armenischen Satzes denen des deutschen. Im allgemeinen kann gesagt werden, daß es im armenischen Satz eine verhältnismäßig große Freiheit in der Wortstellung innerhalb eines Satzes gibt. So kann man allein durch die Wortstellung die Betonung und den Sinn verändern:

Menk gini enk chmel. Wir haben Wein getrunken.

Menk enk gini chmel. Wir haben Wein getrunken (und nicht sie).

Menk chmel enk gini. Wir haben Wein getrunken (und nicht Bier).

Ginin menk enk chmel. Den Wein haben wir getrunken.

Bindewörter (Konjunktionen)

jew / u	und, sowie, auch
ißk'	während, und, aber (Gegenstellung)
ajßinkn	das heißt, (...), das bedeutet, (...)
k'am	oder, entweder – oder
bajz'	aber
miajn	nur wenn, nur, allein
mintschew	bis
nachkan	vor, bevor, ehe
wor	daß, das
jete	wenn, falls
jerb wor	als, wenn
el	auch
worowhet'ew	weil, denn, da, zumal (da)
ußt'i	folglich, also, demnach

jeß ajßor k'ëgam,
worowhet'ew waxë harmar tsche.
ich heute kommen-werde,
weil morgen passend nicht-ist.
Ich komme heute, denn morgen paßt es schlecht.

hajerenë gexezik' lesu e, bajz dshwar.
Armenisch-das schöne Sprache ist, aber schwierig.
Armenisch ist eine schöne Sprache, aber eine schwierige.

Die 7 Fälle und ihre Beugungen

Fälle bezeichnen grundsätzlich die Funktion und Beziehung der Tätigkeitswörter im Satz. Im Armenischen gibt es sieben Fälle: Nominativ (gerader Fall), Genitiv, Dativ, Akkusativ, Instrumentalis, Lokativ und Ablativ.

Die einzelnen Fälle beantworten jeweils die folgende grammatische Frage:

1. Fall: Nominativ	Wer oder Was?
2. Fall: Genetiv	Wessen?
3. Fall: Dativ	Wem oder Was
4. Fall: Akkusativ	Wen oder Was?
5. Fall: Instrumentalis	Womit?
6. Fall: Lokativ	Wo?
7. Fall: Ablativ	Woraus?

1. Fall (Nominativ)

Im Nominativ, dem Werfall, kennt das Hauptwort keine Beugungsendung. Aber Vorsicht: ein Hauptwort, das als Satzgegenstand Verwendung findet, tritt **mit** bestimmtem Artikel auf!

Jerewanë mez e. Jerewan ist groß.

2. Fall (Genitiv)

Die meisten Hauptwörter bekommen im 2. Fall die Endung **-i**:

1. Fall	2. Fall
sinwor	**sinwori**
der Soldat	des Soldaten

Bei der Mehrzahl wird im Genitiv die Endung **-i** einfach an die Mehrzahlform des Wortes angehängt:

sinworner	Soldaten
sinworneri	der Soldaten

Obwohl die Bildung des Genitivs ziemlich regelmäßig aussieht, gibt es auch hier unregelmäßige Formen. Es würde zu weit führen, alle Ausnahmen hier aufzuzählen. Einige wichtige seien aber doch genannt.

1. Fall	2. Fall	
k'in	**k'nodsch**	der Frau
ënk'er	**ënk'erodsch**	des Freundes
jechbajr	**jechbor**	des Bruders
hajr	**hor**	des Vaters
majr	**mor**	der Mutter

dser k'nodsch p'ajußak'ë
ihre Frau2 Tasche-die
die Tasche Ihrer Frau

mori	Beeren	*Hauptwörter auf* **-i** *enden im 2. Fall meist auf* **-u.**
moru muraba	Beerenkonfitüre	
Mexri	Meghri (Stadt in Süd-Armenien)	
Mexru k'ololak'	Fleischklößchen aus Meghri	

hanrap'et'utjun	Republik	*Hauptwörter auf* **-tjun** *verändern im 2. Fall immer in* **-tjan.**
hanrap'et'utjan hrap'arak'	Platz der Republik	

Meistens haben zeitliche Bestimmungen und Umstandsbestimmungen der Zeit den 2. Fall, werden aber anders gebeugt, nämlich mit **-wa** als Endung:

1. Fall	2. Fall
amiß der Monat	**amßwa** des Monats
or der Tag	**orwa** des Tages
sham die Stunde	**shamwa** der Stunde
gischer die Nacht	**gischerwa** der Nacht

Von Verben abgeleitete Hauptwörter (Beispiel: das Sitzen) bekommen dagegen die Endung **-u.** Diese Form wird meist benutzt, wenn man im Deutschen etwa **um (...) zu, zum** oder **mit dem Ziel, (...)** ausdrücken will.

jeß jek'el em ut'elu hamar
ich gekommen bin essen2 für
Ich bin zum Essen gekommen
(mit dem Ziel, zu essen)

Nach den Verhältniswörtern dimaz **gegenüber,** hamar **für,** medsch **in,** mot' **bei** und einigen anderen, die im Armenischen übrigens dem Hauptwort stets nachstehen, braucht man wiederum den 2. Fall. Mehr zu den Verhältniswörtern und den dazugehörigen Fällen lesen Sie im betreffenden Kapitel.

odanawak'ajani dimaz
dem Flughafen gegenüber

Geworgi hamar
für Gework

3. Fall (Dativ)

Der 3. Fall wird mit der Endung **-in** gebildet:

1. Fall	3. Fall
sinwor	**sinworin**
der Soldat	des Soldaten

Wie im 2. Fall, gibt es auch für den 3. Fall bestimmte Verhältniswörter, die diesen Fall zwingend nach sich ziehen. Mehr darüber im Kapitel „Verhältniswörter“.

In erster Linie wird er wie im Deutschen gebraucht, nämlich wenn von einem sogenannten „indirekten Objekt“ (Dativ-Objekt) die Rede ist:

Awet'ë Goharin t'alíß e girkë.
Avet gibt Gohar das Buch.

Der 3. Fall hat jedoch manchmal auch eine etwas abweichende Funktion. Im Gegensatz zum Deutschen steht im Zusammenhang mit Personen immer der 3. Fall und nicht wie im Deutschen meist der 4. Fall:

na t'eßnum e targmantschin
er Sehen-beim ist Übersetzer3
Er sieht den Übersetzer.

4. Fall (Akkusativ)

Hauptwörter, die in diesem Fall stehen, erfahren, wie jene im 1. Fall, keine Veränderung. Fürwörter im 4. und 3. Fall sehen gleich aus und sind von ihrer Form her nicht zu unterscheiden.

jeß ajn k'nodschë t'eßa hjuranozum.
ich jene Frau-die4 sah Hotel3
Ich sah jene Frau im Hotel.

na k'orzrel e ir andsnagirë.
er verloren ist seinen Paß-der
Er hat seinen Paß verloren.

5. Fall (Instrumentalis)

Mit diesem Fall kann man die näheren Umstände eines Geschehens beschreiben. Womit geschieht etwas, mit welchen Mitteln? Meistens wird der 5. Fall mit der Endung **-ow** gebildet. Im Deutschen verwendet man hierfür meist das Wort **mit:**

awt'obußow	mit dem Bus
wo'tkow	zu Fuß
t'omat'i maz'uk'ow	mit Tomatenpüree
ajß tsch'anap'arow	diesen Weg entlang
mek' amßow	für einen Monat

intsch gorz'ow ek jek'el.
was? Sache-mit5 sind(-Sie) gekommen
Wozu sind Sie gekommen? /
Was bringt Sie hier?

jeß ßchalnerow em hajeren choßum.
ich Fehlern-mit5 bin Armenisch Sprechen-beim
Mein Armenisch ist mangelhaft.

Das **–u,** mit dem manche Hauptwörter enden, wird im Instrumentalis umgewandelt in ein **-w,** bevor die Nachsilbe **-ow** hinzugefügt wird:

lesu	Sprache
hajeren leswow *Armenisch Sprache-mit5*	auf armenisch

Manche Hauptwörter bekommen jedoch eine andere Endung, nämlich **-amb.** Diese Endung findet hauptsächlich Verwendung bei festen Wendungen und genauen Umstandsbestimmungen in einem Satz, mit anderen Worten: auf welche Art und Weise geschieht etwas?

urachutjamb	mit Vergnügen
dschwarutjamb	mit Mühe
mez hamperutjamb	bei viel Geduld
im k'arz'ikow	meiner Meinung nach
mez maßamb	größtenteils

Übrigens behalten jene Wörter, die wir im 2. Fall als Ausnahmen aufgeführt haben (Vater, Mutter, Bruder, Frau usw.), ihre 2. Fall-Endung, und bekommen erst dann die Endung **-ow** für den 5. Fall angehängt:

1. Fall	2. Fall	5. Fall
majr die Mutter	**mor** der Mutter	**morow** mit der Mutter
hajr der Vater	**hor** des Vaters	**horow** mit dem Vater

6. Fall (Lokativ)

Im Armenischen werden örtliche und einige zeitlichen Verhältniswörter wie **in** und **auf** mit dem 6. Fall angedeutet. Endet die Grundform eines Hauptwortes mit einem Mitlaut, lautet die Endung für den 6. Fall **-um.** Endet die Grundform mit einem Selbstlaut, lautet die Endung **-jum.** Hauptwörter auf **-utjun** und Personenbezeichnungen kennen keine Endung im 6. Fall:

Berlinum	in Berlin
Germaniajum	in Deutschland

7. Fall (Ablativ)

Die typische Ablativ-Endung ist **-iz.** Der 7. Fall steht bei Richtungsangaben, wobei man im Deutschen etwa das Verhältniswort **aus, von (...) her** oder Konstruktionen wie **aus (...) heraus** benutzt. Der 7. Fall wird ebenso bei Angaben zum Zeitpunkt, sowie bei Angaben über Ursache, Grund oder Anlaß verwendet.

namak' Augßburgiz	ein Brief aus Augsburg
jeß ajd ßoworel em ajß gërkiz.	Das habe ich aus diesem Buch gelernt.
law ënt'anikiz	aus guter Familie
na Wanadsoriz e.	Er stammt aus Wanadsor.
wachiz	aus Furcht
glchazawiz	wegen Kopfschmerzen
jeracht'agit'utjuniz	aus Dankbarkeit
Hunwari 6-iz	ab dem 6. Januar
3 shamiz	in 3 Stunden

modajiz durß jek'az / wotsch modajak'an
aus der Mode / unmodern

ßenjak'iz durß gnal
aus dem Zimmer hinaus gehen

Eine andere wichtige Rolle spielt der Ablativ in Vergleichen und Steigerungen:

K'arenë T'igraniz mez e.
Karen-der Tigran-von7 groß ist
Karen ist älter als Tigran.

dsuk'ë mßap'uriz hamex e.
Fisch-der Fleischsuppe-von7 schmackhaft ist
Der Fisch ist schmackhafter als die Fleischsuppe.

In Kombination mit manchen Verhältniswörtern wie zum Beispiel het'o (nach), arradsch (vor, bevor), bazi (außer), herru (weiter weg als ...) muß das Hauptwort unbedingt im 7. Fall stehen:

hamalßaraniz het'o	nach der Universität
kaxakiz herru	weit von der Stadt entfernt
mekneluz arradsch	vor der Abreise
bazi draniz	außerdem

Persönliche Fürwörter (Personalpronomen)

Die Personenendungen kommen im großen und ganzen mit den typischen Beugungsendungen der vorherigengen Grundregeln überein.

	ich	du	er/sie/es	wir	ihr (Sie)	sie
Nom.	**jeß**	**du**	**na**	**menk**	**duk**	**nrank**
Gen.	**im**	**ko**	**nra**	**mer**	**dser**	**nranz**
Dat.	**inds**	**kes**	**nran**	**mes**	**dses**	**nranz**
Akk.	**inds**	**kes**	**nran**	**mes**	**dses**	**nranz**
Inst.	**indsow**	**kesnow**	**nranow**	**mesnow**	**dsesnow**	**nranzow**
Lok.	**indsnum**	**kesnum**	**nranum**	**mesnum**	**dsesnum**	**nranzum**
Abl.	**indsniz**	**kesniz**	**nraniz**	**mesniz**	**dsesniz**	**nranziz**

mer jerk'rum in unserem Land
dser k'arz'ikow Ihrer Meinung nach
inds t'ur gib es mir

dser t'an hamarë
Ihre Haus 2 Nummer-die
Ihre Hausnummer

Fragen

Das Anheben der Stimme am Schluß eines Satzes ist die einfachste Weise, einen Satz als Fragesatz klingen zu lassen.

duk arradschin angamn ek Hajaßt'anum!/?
Feststellung *Sie ersten(?) Mal-das sind(-Sie) Armenien-in6*
1. Sie sind zum ersten Mal in Armenien.
Frage 2. Sie sind zum ersten Mal in Armenien?

Fragen können aber auch mit Fragewörtern gebildet werden. Die Fragewörter wer (ow), wessen (um2), wem (um3), wen (um4) fragen nach Personen. Unterschiede zwischen Männlichem, Weiblichem oder Sächlichem gibt es nicht. Die Fragewörter was (intsch), welche/welcher/welches (wor/worë) fragen nach Sachen. Was für (ein) (intschp'ißi) fragt nach Art und Beschaffenheit von etwas. Manche Fragewörter haben unterschiedliche Formen für die Ein- und Mehrzahl:

Die wichtigsten Fragewörter

Einzahl	Mehrzahl	
ow	**owker**	wer? wer (alles)?
um		wessen?
um		wem?
um		wen?
intsch	**intscher**	was? was (alles)?

Einzahl	Mehrzahl	
wor(ë)	**woronk**	welch(e/er/es)
wortex / ur		wo?
jerb		wann?
intschp'eß		wie?
intschp'ißi		was für (ein)?
intschkan		wieviel(e)?
kani		wieviel(e)?
intschu		warum? weshalb?
intschow		womit?

wortex k'arox em pox pochanak'el?
wo? fähig bin Geld umwechseln
Wo kann ich Geld umwechseln?

intschkan p'it'i ßp'aßenk?
wieviel? muß warten(-wir)
Wie lange müssen wir warten?

jerb e trrtschum inknatirrë?
wann? ist Fliegen-beim Flugzeug-das
Wann ist der Abflug?

kani arshe t'omßë?
wieviel? kostet Fahrkarte-die
Was (wieviel) kostet die Fahrkarte?

intschp'eß ek?
wie? sind(-Sie)
Wie geht es Ihnen?

um t'unn e ßa?
wessen? Haus-das ist das
Wessen Haus ist das?

intschp'ißi t'exek'utjunner ek k'amenum?
was-für? Informationen sind(-Sie) Wünschen-beim
Was für Informationen wünschen Sie?

intschu (hamar)?
warum? (für)
Warum?

intsch e aßum?
was? ist Sagen-beim
Was sagt er/sie?

ow e ajß k'inë?
wer? ist diese Frau-die
Wer ist diese Frau?

um ek wtsch'arel?
wem? sind(-Sie) bezahlt
Wem haben Sie bezahlt?

um ek ajzelel?
wen? sind(-Sie) besucht
Wen haben sie besucht?

worn e im texë?
welche-der? ist mein Platz-der
Welches ist mein Platz?

Ja/Nein/Nicht

Ja heißt ajo und **nein** wotsch. Zu Freunden und guten Bekannten kann man auch ha für **ja** und tsche für **nein** sagen. In Zweifelfällen jedoch immer die erstgenannten Ausdrücke verwenden.

Wörter mit denen man eine Verneinung ausdrücken kann.

wotschintsch	nichts
wotsch mi	kein-, überhaupt / gar kein
wotsch mi depkum	keinesfalls (zeitbezogen)
jerbek	niemals
wotsch mi t'ex	nirgends (ortsbezogen)
wotsch wok	niemand
hasiw (te)	kaum (abgeschwächte Verneinung)
wotsch mi norutjun	nichts Neues / keine Neuigkeiten

Die Verneinung von Hauptwörtern und Eigenschaftswörtern geschieht hauptsächlich durch das Voranstellen von Vorsilben wie **an-:**

hangißt'	ruhig
anhangißt'	unruhig
hatsch'eli	angenehm
anhatsch'eli	unangenehm

Ja/Nein/Nicht

Bei Tätigkeitswörtern erfolgt die Verneinung durch Anhängung von **tsch-** an die bejahende Form, das gilt für fast alle Tätigkeitswörter, einschließlich linel **sein.**

jeß tschem	ich bin nicht
du tscheß	du bist nicht
na tsche	er/sie ist nicht
menk tschenk	wir sind nicht
duk tschek	ihr seid nicht / Sie sind nicht
nrank tschen	sie sind nicht

unenal	haben
tschunenal	nicht haben
ut'el	essen
tschut'el	nicht essen

jeß haj em.	Ich bin Armenier.
jes haj tschem.	Ich bin kein Armenier.

wotsch, jeß dses tschem hawat'um.
nein, ich Sie3 nicht-bin Glauben-beim
Nein, ich glaube Ihnen nicht.

wotsch, jeß pox tschunem.
nein, ich Geld nicht-habe
Nein, ich habe kein Geld.

Die Zukunftsform (k'ë-Konstruktion) kann man auf folgende Weise verneinen: linel **sein** fungiert als Hilfsverb. Die Verneinungsform **tsch-** wird vor die jeweilige Form von linel gesetzt. Hierbei gibt es eine Ausnahme: Die 3. Person Einzahl (er/sie/es ist nicht) heißt nicht tsche sondern tschi.

Tätigkeitswörter auf **-el** erhalten die Endung **-i,** Tätigkeitswörter auf **-al** die Endung **–a.** Ein Beispiel:

chmel endet auf **-el,** also bekommt es hier die Endung **-i.** Die 1. Person Einzahl erhält als verneinendes Hilfsverb tschem, und so entsteht:

jeß gini tschem chmi.
ich Wein nicht-bin trinken-werde
Ich werde keinen Wein trinken.

Ein Beispiel mit einem Tätigkeitswort auf **-al:**
morranal (vergessen)

jeß tschem morrana.
ich nicht-bin vergessen-werde
Ich werde nicht vergessen.

na tschi morrana.
er nicht-ist vergessen-wird
Er wird nicht vergessen.

Dieses & jenes

Das bezügliche Fürwort wor(ë) hat folgende Beugung:

		Einzahl		Mehrzahl	
1. Fall	Nom.	**wor(ë)**	der/die/das	**woronk**	die
2. Fall	Gen.	**wori**	dessen/deren/dessen	**woronz**	deren
3. Fall	Dat.	**wori(n)**	dem/der/dem	**woronz**	denen
4. Fall	Akk.	**wor(in)**	den/die/das	**woronk**	die
5. Fall	Instr.	**worow**	mit dem/der/dem	**woronzow**	mit denen
6. Fall	Lok.	**worum**	in dem/der/dem	**woronzum**	in denen
7. Fall	Abl.	**woriz**	von dem/der/dem	**woronziz**	von denen

Einige Beispiele: **lesun wor jeß ßoworum em.**
Sprache-die die ich Lernen-beim bin
Die Sprache, die ich lerne.

lesunerë woronk jeß ßoworum em.
Sprachen-die die ich Lernen-beim bin
Die Sprachen, die ich lerne.

ow ajßp'eß warwi, k'ëp'at'shwi.
wer so handele wird-bestraft
Wer so handelt, wird bestraft.

ow wird folgendermaßen gebeugt:

1. Fall	Nom.	**ow**
2. Fall	Gen.	**um**
3. Fall	Dat.	**um**
4. Fall	Akk.	**um**
5. Fall	Iintr.	**umow**
6. Fall	Lok.	**umiz**
7. Fall	Abl.	**-**

In vielen Fällen können wori *oder* um *(2. Fall) unterschiedslos nebeneinander gebraucht werden.* um *klingt aber manchmal ein wenig steif.*

ajn k'inë, um poxë goxazel ejin
jene Frau-die deren Geld-das gestohlen waren-sie
Die Frau, der Geld gestohlen worden war.

Verhältniswörter

Im Armenischen stehen die Verhältniswörter, im Gegensatz zum Deutschen, meist nach dem Wort, auf das sie sich beziehen (Nachstellung). Manche Verhältniswörter werden aber vorgestellt, und bei anderen ist wiederum beides möglich.

Hier folgt eine Übersicht der armenischen Verhältniswörter, gruppiert nach den verschiedenen Fällen, die sie verlangen. In den Klammern ist jeweils die Vor- oder Nachstellung angegeben (v = vorgestellt, n = nachgestellt):

Den 2. Fall regieren folgende Verhältniswörter:

arradsch (n)	gegenüber, vor (örtlich)
k'ajarani arradsch	vor dem Bahnhof
arrdschew (n)	vor, gegenüber
arranz (v)	ohne
pochanak' (v/n)	statt, anstatt
dem (n)	gegen, wider
im dem	wider mich
dex hasi dem	ein Mittel gegen Husten
dimaz (n)	gegenüber
jet'ew (n)	hinter
ëntazkum (n)	während, hindurch
mi kani t'arwa ëntazkum	während einiger Jahre
shamanak' (n)	während, zur Zeit ...
tarwa ajd shamanak'	zu dieser Jahreszeit
k'oxmiz (n)	seitens, durch, von
k'arrawarutjan k'oxmiz	seitens der Regierung
hamar (n)	für
handep' (n)	gegenüber
het' (n)	mit, zu
mßi het' haz ut'el	Brot zum Fleisch essen
maßin (n)	über, betreffs, hinsichtlich
medsch (n)	in(mitten)
midschozow (n)	mittels, durch
mot' (n)	bei, neben, zu, am, unweit

tangarani mot'	unweit des Museums
p'at'uhani mot'	am Fenster
nman (n)	ähnlich, wie
p'atsch'arrow (n)	wegen, zufolge, zu
wat' jexanak'i p'atsch'arrow	wegen des schlechten Wetters
wra (n)	auf
atorri wra	auf dem Stuhl
poxe dnum em ßexani wra	das Geld lege ich auf den Tisch
t'ak' (n)	unterhalb

Den 3. Fall regieren unter anderem:

hak'arrak' (v)	entgegen
hak'arrak' im zank'utjan	entgegen meinem Wunsch
hamadsajn (n)	gemäß
mer zank'utjan hamadsajn	unserem Wunsch gemäß

Den 4. Fall regieren:

arradsch (n)	vor
jerek sham arradsch	vor 3 Stunden
i wer (n)	seit
bawak'an shamanak'iz i wer (...)	seit beträchtlich langer Zeit

dep'i (v)	nach, zu
dep'i adsch	nach rechts
het'o (n)	nach
haz ut'eluz het'o	nach dem Essen
ibrew (v)	als
ibrew warp'et'	als Fachmann
mintschew (v)	bis
nachkan (v)	(be)vor
nachkan mer mek'nelë	vor unserer Abreise
worp'eß (v)	als
worp'eß ënk'er	als Freund

Den 7. Fall regieren:

bazi (v/n)	außer
durß (n)	außerhalb
kaxakiz durß	außerhalb der Stadt
nerß (n)	innerhalb
het'o (n)	nach
p'at'erasmiz het'o	nach dem Krieg
nerkew (n)	unterhalb
werew (n)	oberhalb
kaxakiz werew	oberhalb der Stadt
arradsch (n)	vor
mer mek'neluz arradsch	vor unserer Abreise
t'aßiz arradsch	vor zehn Uhr

Zahlen

Die Grundzahlen

0	sro	20	kßan
1	mek'	21	kßan mek'
2	jerk'u	30	jereßun
3	jerek	31	jereßun mek'
4	tschorß	40	karraßun
5	hing	50	hißun
6	wez	60	watßun
7	jot	70	jotanaßun
8	ut	80	utßun
9	inë	90	innßun
10	t'aß		
		100	harjur
11	t'aßnmek'	150	harjur hißun (hundert + fünfzig)
12	t'aßnerk'u		
13	t'aßnerek	200	jerk'u harjur (zwei + hundert)
14	t'aßntschorß		
15	t'aßnhing		
16	t'aßnwez	1000	hasar
17	t'aßnjot	5000	hing hasar
18	t'aßnut	1.000.000	mek' milion
19	t'aßninë	1900	hasar inë harjur

1998 **hasar inë harjur innßun ut**
1000 9 100 90 8

Ab 21 werden die Einerstellen nach den Zehnerstellen, also umgekehrt wie im Deutschen, gezählt. Von 11 bis 19 gilt dies auch, allerdings steht zwischen t'aß und der Einerstelle jeweils ein **n.**

jereßun jerek
dreißig drei
dreiunddreißig

jotanaßun inë
siebzig neun
neunundsiebzig

Ordnungszahlen

Die Ordnungszahlen bilden bis vier abweichende Formen. Ab fünf werden sie regelmäßig mit der Nachsilbe **–erord** *gebildet. Auch wenn Ordnungszahlen als Eigenschaftswörter verwendet werden, werden sie nicht gebeugt.*

arradschin	erst(e/er/es)	**wezerord**	sechst(e/er/es)
jerk'rord	zweit(e/er/es)	**joterord**	siebt(e/er/es)
jerord	dritt(e/er/es)	**uterord**	achtst(e/er/es)
tschorord	viert(e/er/es)	**innerord**	neunt(e/er/es)
hingerord	fünft(e/er/es)	**t'aßerord**	zehnt(e/er/es)
		t'aßnmek'erord	elft(e/er/es)

An Ordnungszahlen kann auch ein Artikel angehängt werden.

watßun hingerord
sechzig fünfter
fünfundsechzigst(e/er/es)

kßan uterord
zwanzig achtster
achtundzwanzigst(e/er/es)

jerordë
dritte-der/die/das
der/die/das dritte

Brüche

Bruchzahlen bildet man mit einer Grundzahl für den Zähler und einer Ordungszahl für den Nenner:

5/6	1/3
hing wezerord	**mek' jerord**
fünf sechster	*ein dritter*

Unregelmäßig sind „Viertel" und „Halb":

1/3	**(mek') karrord**
3/4	**jerek karrord**
1/2	**k'eß**
3,5	**jerek u k'eß** *drei und halb*

Vervielfachungs- und Wiederholungszahlen

k'rk'nak'i	zweimal (auch zweifach!)
jerrak'i	dreimal (dreifach)
karrak'i	viermal (-fach)
hing angam	fünfmal (-fach)

usw.

jerek awt'o	*drei Auto*	drei Autos
2 angam	*2 mal*	zweimal
1000 dram	*1000 Dram*	1000 Drams
5 t'ari	*5 Jahr*	5 Jahre
3 schabat	*3 Woche*	3 Wochen

Im allgemeinen verwendet man im Armenischen nie eine der beiden Mehrzahlsformen, wenn von einem bestimmten Zahlwort die Rede ist (z. B. einmal, zweimal, 100 DM, 5 Jahre, 5 km, 3 Wochen usw.). Die entsprechenden Hauptwörter bleiben in der Einzahl stehen.

Mengenbegriffe und Maßangaben

Mengen und Maßangaben stehen stets in der Einzahl.	**jerk'u k'ilo**	2 Kilo
	kßan t'ok'oß	20 Prozent
	jereßun k'ilomet'r	30 Kilometer
Maße	**gram**	Gramm
	lit'r	Liter
	k't'or / hat'	Stück
	t'eßak'	Sorte
	met'r	Meter
	k'ilomet'r	Kilometer
Ungefähre Mengenangaben	**kani hat?**	Wieviel?
	kani hogi?	Wieviele Menschen?
	kani angam?	Wie oft?
	schat'erë	viele
	ktscherë	wenige
	bolor	sämtliche, alle
	mi kani	ein paar, einzelne, einige
	mi kani angam	ein paarmal
	mi jerek (schabat)	etwa drei (Wochen)
	bawakan	genug, genügend
	jewß jerk'u hat' / mi jerk'u hat' el	noch zwei (Stück)
	schat'	viel, ganz
	kitsch	wenig
	schat' schat'	(viel) zu viel
	schat' kitsch	(viel) zu wenig
	pokr	klein
	mez'	groß
	aweli schat'	mehr
	aweli kitsch	weniger

Zeit und Datum

Wochentage

jerk'uschabti	Montag
jerekschabti	Dienstag
tschorekschabti	Mittwoch
hingschabti	Donnerstag
urbat	Freitag
schabat	Samstag
k'irak'i	Sonntag

Monatsnamen

hunwar	Januar
pet'rwar	Februar
mart'	März
ap'ril	April
majiß	Mai
huniß	Juni
huliß	Juli
ogoßt'oß	August
ßep't'ember	September
hok't'ember	Oktober
nojember	November
dek't'ember	Dezember

Allgemeine Zeitangaben

t'ari	Jahr
amiß	Monat
schabat	Woche
or	Tag
karrord sham	Viertelstunde
keß sham	halbe Stunde
sham	Stunde
rop'e	Minute
wajrk'jan	Sekunde

Feiertage

nor t'ari	Neujahr
ßurb z'nund	Weihnachten
sat'ik'	Ostern
hambardsum	Himmelfahrt
hogegalußt'	Pfingsten

Wenn man über Jahresangaben spricht, muß man in der armenischen Schriftsprache formell eine Form des Wortes twak'an gebrauchen, was buchstäblich numerisch oder zahlenmäßig bedeutet. Wenn man bei Datenangaben **im, am** oder **im Jahre (...)** sagen will, wird dem jeweiligen Grundwort (z. B. twak'an) die Nachsilbe **-in** beigegeben. Bei Jahresangaben nennt man in der Umgangssprache manchmal auch ganz schlicht das betreffende Jahr (ohne twak'an), und hängt **-in** an:

1998 twak'anin	anno 1998
1998-in	im Jahre 1998
hunißin	im Juni
mart'in	im März
dek't'emberin	im Dezember
ogoßt'oßi jerekin	am 3. August
shamë jerekin	um 3 Uhr

Das Datum wird in der Reihenfolge Jahr, Monat, Tag genannt.

hasar inë harjur innßun utin (1998) twak'ani mart'i t'aßnwezin
1998 Jahr2 März2 sechzehn-am
am 16.03.1998

amßi wezin
Monat2 sechs-am
am 6. dieses Monats

pet'rwari wezin
Februar2 sechs-am
am 6. Februar

Zeit und Datum

Bei Aussagen wie **seit, ab** oder **von (...) an** verwendet man den 6. Fall, mit der typischen Ablativendung **–iz.**

1994 twak'aniz	seit 1994
nojemberiz	seit November
amßi utiz	seit dem 8. dieses Monats
shamë tschorßiz	ab vier Uhr
jerk'u shamiz	in zwei Stunden
hing rop'eiz	in fünf Minuten
mi kani oriz	in ein paar Tagen
hing oriz	in fünf Tagen
jerek amßiz	in drei Monaten

nojemberi jerekiz (mintschew) dektemberi utë
November2 drei7 (bis) Dezember2 acht-die
vom 3. November bis zum 8. Dezember

Sonstige Zeitangaben und Antworten auf die Frage **wann?** oder **zu welcher Zeit?**

arrawot'jan	am Morgen
zerek'ë	tagsüber
jerek'ojan	am Abend
gischerë	nachts
amen or	jeden Tag
amen t'ari	jedes Jahr
hima	jetzt
het'o	später
henz hima	jetzt gleich
ajn shamanak' hnaraworin	damals

tschap schut'	so schnell wie möglich
jerek' tsche	
arradschin orë	vorgestern
jerek'	gestern
ajßor	heute
waxë	morgen
waxë tsche, mjuß orë	übermorgen

anzjal schabat	letzte Woche
ajß schabat	diese Woche
mjuß schabat	nächste Woche
anzjal amiß	lezten Monat

Auf die Frage **(für) wie lange?** antwortet man im Instrumentalis (5. Fall).

jerk'u orow Dilidschan em gnalu.
Ich werde für zwei Tage nach Dilidschan abreisen.

jerk'u amßow	für zwei Monate
k'artsch' shamanak'ow	für eine kurze Zeit

Das armenische Wort für **bis** lautet mintschew:

mintschew shamë utë
bis Uhr-die acht-die
bis acht Uhr

mintschew amßi kßanjotë
bis Monat2 zwanzig-siebenter-die
bis zum 27. des Monats

mintschew 1988 twak'ani dek't'emberi jotë
bis 1988 Jahr2 Dezember2 sieben-der
bis 7. Dezember 1988

mintschew schabat
bis Samstag
bis Samstag

mintschew (shamë) hingë
bis (Uhr-die) fünf-die
bis fünf (Uhr)

Genaue Uhrzeitangaben (auf die Frage **wie spät ist es?)** macht man, indem man zunächst shamë - **die Uhr / die Stunde** sagt, gefolgt von der Zahl mit Artikel:

nerezek, shamë kanißn e?
entschuldigen-Sie, Uhr-die wieviel?-der ist
Entschuldigen Sie, wie spät haben wir es?

shamë utn e.
Uhr-die acht-die ist
Es ist acht Uhr.

Eine kompliziertere Konstruktion wird in Ausdrücken wie **halb acht, zehn vor drei** oder **zwanzig (Minuten) nach drei** benutzt:

Stundenzahl (mit Artikel) + anz
- **über** + **Minutenzahl** (oder **halb**)
+ 3. Person Einzahl von **sein.**

*Vorgehensweise bei **nach**-Konstruktionen.*

hingn anz k'eß e
fünf-der über halb ist
halb sechs

hingn anz t'aß e
fünf-der über zehn ist
zehn (Minuten) nach fünf

Stundenzahl (im 3. Fall)
+ **Minutenzahl** + p'ak'aß
- **weniger** + 3. Person Einzahl von **sein.**

*Vorgehensweise bei **vor**-Konstruktionen.*

hingin t'aß p'ak'aß e
fünf3 zehn weniger ist
zehn (Minuten) vor fünf

hingin t'aßnhing p'ak'aß e
fünf3 fünfzehn weniger ist
Viertel vor fünf

Die Frage **den Wievielten haben wir heute?** wird mit dieser Konstruktion beantwortet:

Monatsnamen (im 2. Fall)
+ **Zahl mit Artikel**
+ entsprechende Form von **sein.**

hokt'emberi utn e
Oktober2 acht-der ist
Es ist der 8. Oktober.

Kurz-Knigge

Wenn man zum ersten Mal in Armenien ist, wird man merken, daß man als Reisender oder Reisende unbedingt eine gehörige Dosis Geduld mitnehmen sollte. Armenien ist kein Land für Ungeduldige. In diesem Land muß man sich in allen Hinsichten mehr Zeit nehmen, um etwas hinzukriegen. Da die Grundstrukturen dieses Kaukasuslandes nach dem Zerfall der Sowjetunion aus unterschiedlichen Gründen vernichtet worden sind, funktioniert vieles in diesem Land nicht immer. Zugegeben, ärgerlich ist es schon; ob es sich jetzt um Treibstoffmangel, Bürokratie, Verspätungen durch Lichtausfall oder eine Panne unterwegs handelt. Wichtiger ist es aber, die Sache mal hinzunehmen wie sie ist und sich nicht allzu viel daraus zu machen. Man muß damit rechnen, daß sich das öffentliche Leben in Armenien viel langsamer vollzieht als in Deutschland. Man kann sich zwar daran ärgern und sich darüber beklagen, weiter kommt man damit aber nicht. Viel besser ist es, sich den veränderten Umständen anzupassen, und sich flexibel zeigen. Nehmen Sie sich Zeit für alles, was Sie auch unternehmen wollen.

Frauen können sich wie in Westeuropa kleiden, bei förmlichen Anlässen und anderen offiziellen Angelegenheiten ist es üblich, sich korrekt und ordentlich zu kleiden. Es wird abgeraten, sehr auffällige oder herausfordernde Kleidung zu tragen. Vor allem bei Frauen erregzt auffällige und überflüssige Extravaganz Mißfallen. Das wird als beschämend angesehen, und man macht sich damit nur lächerlich. Es ist nicht ausgeschlossen, daß man sich in einem solchen Fall überall und von jedem von oben bis unten „begutachtet" fühlt. Armenier lieben es, nette Kleider anzuziehen, wenn Sie ins Theater gehen oder ein Konzert besuchen wollen. Im allgemeinen kann man sagen, daß man sich in Armenien etwas „überkleidet", was nicht heißen will, daß man deshalb überall und immer konventionell oder konservativ aussehen soll. Kurze Hosen (auch für Männer) sind nicht üblich, auch wenn es noch so warm ist.

Man sollte sich stets zurückhaltend und bescheiden benehmen. Höflichkeit ist auch in Armenien eine gute Sache! Im Gespräch sollten Sie nicht allzu strikt auf Ihrem Standpunkt beharren, vor allem wenn über politische Sachen geredet wird. Auch wenn Sie mit etwas absolut nicht einverstanden sind oder einen chaotischen Gang der Dinge feststellen, so sollten Sie besser nicht ständig auf Ihrem Recht bestehen und sollten scharfe Äußerungen unterlassen.

Weiter ist manches, was Europäer vielleicht normal finden in einer vergleichbaren Situation in Armenien nicht angebracht. Sachen wie sich am Tisch die Nase zu putzen oder noch extremer: an warmen Tagen mit entblößtem Oberleib, oder barfuß durch die Stadt zu bummeln. In dieser Hinsicht ist äußerste Zurückhaltung geboten. Weiter gibt es in Armenien Null-Toleranz in Bezug auf Drogen. Verbrauch, Besitz oder Handel von bzw. in Drogen ist strengstens verboten!

Armenier sind in allen Bereichen überaus gastfrei, hilfsbereit und zuvorkommend. Zögern Sie nicht, um Hilfe zu bitten, wenn Sie Hilfe brauchen. Vielleicht werden Sie obendrein auch zum Kaffee (oder gar zum Essen) eingeladen. Nehmen Sie die Einladung an! Armenier lieben es, sich mit Ausländern zu unterhalten, etwas über Land, Kultur und die Menschen aus dem Heimatland ihres Gastes in Erfahrung zu bringen.

Armenier sind ein sehr stolzes Volk. Bei vielen Anlässen reden sie gerne und ausführlich über ihre kulturellen, historischen und wissenschaftlichen Erfolge. Geschehnisse und Entwicklungen, bei denen Armenier eine wichtige Rolle gespielt haben werden mit viel Pathos erzählt. Hören Sie sich alles geduldig und interessiert an, auch wenn es Sie nicht interessiert. Desinteresse an der Kultur und Geschichte Armeniens wird als Beleidigung empfunden.

Versuche, Frauen oder Mädchen zu verführen kann man besser unterlassen. Die armenische Gesellschaft ist im amourösen Bereich noch ziemlich konservativ und patriarchalisch. In manchen ländlichen Gegenden wird man ohne die ausdrückliche Genehmigung des Vaters oder Bruders sowieso nicht viel Möglichkeiten haben. Homosexualität ist als Thema tabu.

Es ist für ausländische Frauen ratsam, nicht völlig allein durch das Land zu reisen. Man sollte eigentlich immer in Begleitung von Ehemann oder Freund sein. Nicht nur sicherheitshalber, sondern auch, weil man immer wieder feststellen wird, daß man in den meisten Fällen vom männlichen Teil der Bevölkerung mit einem eindeutig zweideutigen Interesse beäugt wird. Brauchen Sie aber als Frau Hilfe oder werden Sie belästigt, so können Sie sich selbstverständlich auch ruhig an Männer wenden!

Anrede, begrüßen und verabschieden

Anreden soll man Unbekannte mit p'aron (Herr) und t'ik'in (Frau). Es gibt auch oriord (Fräulein).

p'aron Chatschat'rjan	Herr Chatschatrjan
t'ik'in T'igranjan	Frau Tigranjan

Manchmal redet man Bekannte oder Freunde, auch wenn man sie noch nicht so lange kennt mit ënk'er *(Freund) an. Während der Sowjetzeit bedeutete dieses Wort auch* **Genosse.** *Es ist jedoch überhaupt nicht falsch, jemanden, den man nicht gut kennt, mit* ënker *anzusprechen. Das heißt natürlich noch nicht, daß man überzeugter Kommunist ist!*

թույլ տվեք ներկայացնել / ծանոթացնել...
tujl t'wek nerk'ajaznel ...
Erlaubnis geben(-Sie) vorstellen
Darf ich Ihnen vorstellen, das ist ...

t'ik'in P'et'roßjanin	Frau Petrosjan
(...) im k'nodschë	meine Frau
(...) im amußnun	mein Mann
(...) im t'xajin	mein Sohn
(...) im axdschk'an	meine Tochter

շատ ուրախ եմ
schat' urach em!
sehr froh bin(-ich)
Sehr angenehm!

բարև ձեզ / բարև	բարի լույս
barew dses / barew!	**bari lujß!**
Grüße Sie3 / Grüße	*freundliches Licht*
Hallo! / Grüß dich!	Guten Morgen!

բարի օր **bari or!** *guten Tag* Guten Tag!	բարի երեկո **bari jerek'o!** *guten Abend* Guten Abend!

Wie geht es Ihnen/dir?

ինչպ՞ես եք / ես
intschp'eß ek / eß?
wie? sind(-Sie) / bist

Danke, sehr gut.
Und Ihnen / dir?

լավ եմ, շնորհակալություն:
Դուք ինչպ՞ես եք / ես
law em, schnorhak'alutjun.
Duk intschp'eß ek / eß?
gut bin(-ich), Dank. Sie wie? sind(-Sie) / bist

Ich habe mich gefreut,
sie kennenzulernen.

շատ ուրախ եմ ձեզ հետ ծանոթանալու համար
schat' urach em dses het' z'anotanalu hamar.
sehr froh bin Ihnen mit kennenlernen-zu für

Was gibt es Neues?

ի՞նչ նորություն կա
intsch norutjun k'a?
was? Neuigkeit gibt

Nichts.

ոչ մի բան
wotsch mi ban.
nicht ein etwas

Verzeihen Sie, ich
muß mich schon auf
den Weg machen.

կներեք, ես արդեն պետք է գնամ
k'ënerek, jeß arden p'et'k e gnam.
verzeihen(-Sie), ich schon nötig ist gehe

Auf Wiedersehen!	ցտեսություն **zt'eßutjun.** bis-Wiedersehen
Alles Gute!	հաջողություն / ամենայն բարիք **hadschoxutjun / amenajn barik** *Erfolg / alles Gute*
Schöne Grüße an ...	իմ կողմից բարևեք ...– 4 **im k'oxmiz barewek ...- 4** *meiner Seite-von grüssen(-Sie) ...4*
*Bei **Grüße an ...** wird bei Namensangaben die Endung* **-in** *gebraucht:*	**Gework'in, Aramin, Wartanin, Franzin, Hanßin** an Gework, an Aram, an Wartan, an Franz, an Hans
Bis morgen!	մինչև վաղը **mintschew waxë!** *bis morgen*
Tschüß!	հաջող / ցը **hadschox / zë!** *erfolgreich / bis ...*

zë *ist eine Abkürzung von* zt'eßutjun *und kann eigentlich nur zu sehr guten Freunden gesagt werden. Einfach* hadschoxutjun *genügt auch bei guten Freunden.*

Bitten, danken, wünschen

(Ja) bitte.	(այո) շնորհակալություն **(ajo) schnorhak'alutjun.** *(ja) Dank*
Können Sie mir bitte helfen?	կներեք, կարո՞ղ եք ինձ օգնել **k'nerek, k'arox ek inds ognel?** *verzeihen(-Sie), fähig sind(-Sie) mir4 helfen*
Helfen Sie mir bitte!	խնդրում եմ օգնեք ինձ **chëntrum em ognek inds!** *Bitten-beim bin helfen(-Sie) mir4*
Ich brauche (...)	ինձ հարկավոր է ... **inds hark'awor e ...** *mir3 notwendig ist ...*
Darf ich (...) ?	կարելի՞ է ... **k'areli e ... ?** *möglich? ist ...*
Danke / Ich danke Ihnen (vielmals)!	շնորհակալություն / անչափ շնորհակալ եմ **schnorhak'alutjun! / antschap schnorhak'al em!** *Dank / maßlos dankbar bin*
Herzlichen Dank für Ihre Hilfe!	անչափ շնորհակալ եմ ձեր օգնության համար **antschap schnorhak'al em dser ognutjan hamar!** *maßlos dankbar bin ihre Hilfe2 für*

Bitte (nichts zu danken).	չարժե / խնդրեմ **tscharshe / chëntrem.** *nicht-kostet(-es) / bitte(-ich)*
Meine Glückwünsche!	շնորհավոր **schnorhawor!** *Gratulation*
Ich gratuliere (zum Geburtstag)!	շնորհավորում եմ ձեզ (ձեր ծննդյան օրվա առթիվ / ձեր տոնը) **schnorhaworum em dses** **(dser z'ënëndjan orwa arrtiw / dser t'onë)!** *Gratulieren-beim bin Sie4* *(ihres Geburt2 Tag2 wegen / ihr Fest-das)*
Herzlichen Glückwunsch!	սրտանց շնորհավորում եմ **ßrt'anz schnorhaworum em!** *Herz7 Gratulieren-beim bin*
Ich wünsche Ihnen ...	ձեզ մաղթում եմ ... **dses maxtum em ...** *Ihnen3 Wünschen-beim bin ...*
alles Gute/viel Erfolg/ eine gute Gesundheit!	ամենայն բարիք / հաջողություն / քաջառողջություն **amenajn barik / hadschoxutjun / kadscharroxdschutjun!** *alles Gute / Erfolg / wohl-Gesundheit*
Gesundheit! (Zuruf beim Niesen)	առողջություն **arroxdschutjun!** Gesundheit

Gute Reise!	բարի ճանապարհ **bari tsch'anap'ar!** *freundlich*
Frohe Weihnachten!	շնորհավոր Սուրբ Ծնունդ **schnorhawor ßurb z'nund!** *Gratulation heilige Geburt*
Ein gutes neues Jahr!	շնորհավոր Նոր Տարի **schnorhawor nor t'ari!** *Gratulation neues Jahr*
Prosit!	ձեր կենացը / կենացդ **dser k'enazë / k'enazëd!** *Ihr Prosit-das / Prosit-das-dein*

Das erste Gespräch

Name, Sprache und Herkunft

ինչպ՞ես է ձեր անունը / անունդ ի՞նչ է
intschp’eß e dser anunë / anunëd intsch e?
wie? ist Ihr Name-der / Name-der-dein was? ist
Wie ist Ihr Name / dein Name?

իմ անունը (...) է
im anunë (...) e
mein Name-der (...) ist
Mein Name ist (...)

դուք որտեղի՞ց եք
duk wort’exiz ek?
Sie wo7? sind(-Sie)
Woher kommen Sie?

Auf diese Frage antwortet man immer mit Landesbezeichnung im 7. Fall:

ես Գերմանիայից եմ
jeß Germaniajiz em
ich Deutschland7 bin
Ich komme aus (...) Deutschland

Awst’riajiz	aus Österreich
Schwejzariajiz	aus der Schweiz
Holandiajiz	aus den Niederlanden
Belgiajiz	aus Belgien
Franßiajiz	aus Frankreich

Ich bin (...)
ես (...) եմ
jeß (...) em
ich (...) bin

Deutscher	**germanazi**	Deutsche	**germanuhi**
Österreicher	**awßt'riazi**	Österreicherin	**awßt'ruhi**
Schweizer	**schwejzarazi**	Schweizerin	**schwejzaruhi**
Niederländer	**holandazi**	Niederländerin	**holanduhi**
Franzose	**franßiazi**	Französin	**franßuhi**
Belgier	**belgiazi**	Belgierin	**belguhi**

Verständigung

Ich spreche schon ein wenig Armenisch.
ես արդեն մի քիչ հայերեն գիտեմ
jeß arden mi kitsch hajeren git'em.
ich schon ein wenig Armenisch weiß(-ich)

Ich spreche kein (...)
ես ... չգիտեմ / չեմ խոսում
jeß (...) tschëgit'em / tschem choßum.
ich (...) nicht-weiß(-ich) / nicht-bin Sprechen-beim

Sprechen Sie Deutsch?
(դուք) Գերմաներեն գիտ՞եք
(duk) germaneren git'ek?
(Sie) Deutsch wissen(-Sie)?

Ich verstehe Sie nicht.
ես ձեզ չեմ հասկանում
jeß dses tschem haßk'anum.
ich Sie nicht-bin Verstehen-beim

	Sprache	Eigenschaftswort
deutsch	**germaneren**	**germanak'an**
österreichisch	—	**awßt'riakan**
schweizerisch	—	**schwejzarak'an**
niederländisch	**holanderen**	**holandak'an**
französisch	**franßeren**	**franßiak'a**
belgisch	—	**belgiak'an**

Verstehen Sie mich?

(դուք) հասկանո՞ւմ եք ինձ
(duk) haßk'anum ek inds?
(Sie) Verstehen-beim? sind(-Sie) mich

Wie heißt das auf armenisch?

հայերենում դրան ի՞նչ են ասում
hajerenum dran intsch en aßum?
Armenisch6 das4 was? sind(-sie) Sagen-beim

Alter

Wie alt bist du?

քանի՞ տարեկան ես
kani t'arek'an eß?
wieviel? jährig bist

Ich bin zwanzig Jahre alt.

ես քսան տարեկան եմ
jeß kßan t'arek'an em.
ich zwanzig jährig bin

Beruf

Was sind Sie von Beruf?

ի՞նչ մասնագիտություն ունեք
intsch maßnagit'utjun unek?
was? Spezialisierung haben(-Sie)

Wo arbeiten Sie?

որտե՞ղ եք աշխատում
wort'ex ek aschchat'um?
wo? sind(-Sie) Arbeiten-beim

Ich bin (...)

ես (...) եմ
jeß (...) em
ich (...) bin

Fast alle Berufe kennen auch eine weibliche Form. In der Regel ist es nicht gerade falsch wenn man als Frau die männliche Form des Berufsnamen benutzt.

Angestellter	**z'arrajox**
Anwalt	**paßt'aban**
Arzt	**bshischk'**
Beamter	**p'ascht'onja**
Dolmetscher/ Übersetzer	**targmanitsch**
Elektriker	**elek't'rat'echnik'**
Geschäftsmann	**arrewt'rak'an / bisneßmen**
Hausfrau	**t'ënt'eßuhi**
Ingenieur	**inshiner**
Journalist	**lragrox / shurnalißt'**
Lehrer	**ußuzitsch**
Mechaniker	**mecahnik'**
Musiker	**jerashischt'**
Rentner	**toschak'arru**
Student	**ußanox**
Verkäufer	**watsch'arrord**
Vertreter	**nerk'ajazuzitsch**
Zahnarzt	**at'amnabujsh**

Floskeln und Redewendungen

Entschuldigung

Es tut mir leid.	ներեցեք / ներողություն **nerezek / neroxutjun.** *verzeihen(-Sie) / Verzeihung*
Entschuldigung!	ներողություն **neroxutjun!** *Verzeihung*
Ich bitte um Entschuldigung!	ներողություն եմ խնդրում **neroxutjun em chëntrum!** *Verzeihung bin Bitten-beim*
Es war nicht so gemeint!	չէի ուզում ձեզ անհանգստացնել **tscheji usum dses anhangëßt'aznel!** *nicht-war(-ich) Wollen-beim Sie beunruhigen*
Ich hatte nicht die Absicht, Sie zu beleidigen.	չէի ուզում ձեզ վիրավորել **tscheji usum dses wiraworel.** *nicht-war(-ich) Wollen-beim Sie verletzen*
Es ist meine Schuld.	մեղավորը ես եմ / իմ մեղքն է **mexaworë jeß em / im mexkn e.** *Schuldige-der ich bin / meine Schuld-die ist*
Das macht nichts.	**wotshintsch / mi anhangëßt'azek.** nichts / nicht beunruhigen(-Sie)-sich

Gefallen, Zustimmung

Das gefällt mir (gut).	**da inds dur e galiß.** *das mir angenehm ist Kommen-beim*
Das gefällt mir nicht.	**da inds dur tschi galiß.** *das mir angenehm nicht Kommen-beim*
Sehr gerne!	**mez' ßirow / mez' hatsch'ujkow**
Einverstanden!	**jexaw / law / bari**
Ausgezeichnet!	**schat' bari**
Hervorragend!	**hojak'ap'**
Wunderbar!/ Fabelhaft!	**ßkantscheli / hraschali**
Das ist richtig.	**tsch'ischt' e / ajdp'eß e.** *richtig ist / so ist*
Sie haben recht.	**duk tsch'ischt' ek / tsch'ischt' ek aßum.** *Sie richtig sind(-Sie)/richtig sind(-Sie) Sagen-beim*
Ich bin derselben Meinung.	**jeß el nujn k'arz'ikin em.** *ich auch selbe Meinung-die3 bin*
Ich denke auch so darüber.	**jeß el ajdp'eß em mët'azum.** *ich auch so bin Denken-beim*
Ich denke schon.	**k'arz'um em wor ajdp'eß e.** *Denken-beim bin daß so ist*

Ablehnen

Nein, ich kann nicht.	**wotsch, (jeß) tschem k'arox.** *nein, ich nicht-bin fähig*
Nein, ich bin nicht derselben Meinung.	**wotsch, (jeß) dses het' hamamit' tschem.** *nein, ich Sie4 mit einig nicht-bin*
Ich habe keine Lust.	**(jeß) zank'utjun tschunem.** *ich Wunsch nicht-habe*
Ich will nicht.	**(jeß) tschem usum**
Niemals!/ Auf keinen Fall!	**jerb'ek /** **wotsch mi dep'kum!**
Hilfe!	**ognutjun / ognezek!**
Hau ab!	**gna k'ori!**

Liebe

Ich liebe dich.	ես քեզ սիրում եմ **jeß kes ßirum em.** *ich dich Lieben-beim bin*
Ich bin verliebt in dich.	(ես) սիրահարված եմ քո վրա **jeß ßiraharwel em ko wra.** *ich verliebt bin dich2 auf*
Nein, laß das!	**tsche, mi ara!** *nein, nicht tue!*

jeß arden ßirek'an / ßiruhi unem.
ich schon Geliebter / Geliebte habe
Ich habe schon einen Geliebten / eine Geliebte.

Letzteres ist sehr empfehlenswert, auch wenn man nicht wirklich verlobt oder verheiratet ist! Nur so können Sie sich jemanden, der Sie belästigt, vom Halse schaffen! Die Aussage ich habe einen Freund würde lediglich wörtlich verstanden werden.

nëschanwaz' em / amußnazaz' em.
verlobt bin / verheiratet bin
Ich bin verlobt / verheiratet.

Und ...

jeß k'usenaji / k'ëzank'anaji (...)
Ich möchte / würde gerne (...)

k'areli e / tujlat'reli e (...)?
Darf ich / dürfte ich / darf man (...)?

(...) unek / uneß?	Haben Sie (...)
ßigaret' / warroz?	eine Zigarette / Feuer?

k'ëzank'anajik mi ban chmel?
Wollen Sie etwas trinken?

intschp'eß?	Wie bitte?
guze.	Vielleicht.
ihark'e.	Natürlich.
tschëgit'em.	Ich weiß es nicht.
intschp'eß k'usek.	Wie Sie wollen.

Zu Gast sein

Armenier sind gute Gastgeber. Es ist die einfachste und selbstverständlichste Sache der Welt, Gäste einzuladen, sich mit Ihnen zu unterhalten, mit Ihnen zu essen, zu trinken und zu lachen, auch wenn man sie nur kurz kennt. Nutzen Sie Ihre Chance, lassen Sie sich einladen!

մենք կուզենայինք ձեզ հրավիրել
menk k'usenajink dses hrawirel.
wir möchten(-wir) Sie einladen
Wir wollen Sie gerne zu uns einladen.

շատ սիրալիր է ձեր կողմից
schat' ßiralir e dser k'oxmiz.
sehr liebevoll ist Ihre Seite7
Das ist sehr nett von Ihnen.

ցավոք այսօր շատ զբաղված եմ
zawok ajßor schat' sbaxwaz' em.
leider heute sehr beschäftigt bin
Ich bin heute leider sehr beschäftigt.

ժամը քանիսի՞ն հարմար է
shamë kanißin harmar e?
Uhr-die wieviel-um? passend ist
Wie spät sollen wir kommen?

Wie ist Ihre Adresse/ Telefonnummer?	կարել՞ի է իմանալ ձեր հասցեն **k'areli e imanal dser haßzen?** *möglich? ist wissen Ihre Adresse-die*
Wie gefällt es Ihnen in Armenien?	ինչպե՞ս է ձեզ դուր գալի՞ս Հայաստանը **intschp'eß e dses dur galiß Hajaßt'anë?** *wie? ist Ihnen angenehm Kommen-beim Armenien-das*
Sind Sie verheiratet?	ամուսնացա՞ծ եք **amußnazaz' ek?** *verheiratet? sind(-Sie)*
Haben Sie Kinder?	երեխաներ ունե՞ք **jerechaner unek?** *Kinder haben(-Sie)?*
Nein, ich bin noch Student.	ոչ, դեռ ուսանող եմ **wotsch, derr ußanox em.** *nein, noch Student bin*
Was studieren Sie?	ի՞նչ եք սովորում **intsch ek ßoworum?** *was? sind(-Sie) Lernen-beim*

leswabanutjun	Sprachwissenschaft
kaxakagit'utjun	Politikwissenschaft
informatik'a	Informatik
bshschk'utjun	Medizin
jerashscht'utjun	Musik
hamalßaran	Universtät
ußumnaran	Hochschule

մենք այստեղ արձակուրդ ենք անցկացնում
menk ajßt'ex ardsk'urd enk anzk'aznum.
wir hier Ferien sind(-wir) Durchbringen-beim
Wir machen hier Ferien.

ես գործով եմ եկել
jeß gorz'ow em jek'el.
ich Arbeit5 bin gekommen
Ich bin auf Geschäftsreise.

շնորհակալություն, ես չեմ խմում / ծխում
schnorhak'alutjun, jeß tschem chëmum / z'ëchum.
Dank, ich nicht-bin Trinken-beim / Rauchen-beim
Danke, aber ich trinke / rauche nicht.

շախմատ / նարդի խաղու՞մ եք
schachmat' / nardi chaxum ek?
Schach/ Backgammon Spielen-beim sind(-Sie)?
Spielen Sie Schach / Backgammon?

շատ շնորհակալ եմ ձեր հրավերքի և հյուրասիրության համար:
Հաճելի երեկո անցկացրեցինք
schat' schnorhak'al em dser hrawerki jew hjuraßirutjan hamar.
Hatsch'eli jerek'o anzk'azrezink.
sehr dankbar bin Ihre Enladung2 und Gastfreundschaft2 für.
Angenehmen Abend brachten-durch(-wir)
Vielen Dank für die Einladung und Gastfreundschaft.
Wir hatten einen netten Abend.

Bei Ihrem Besuch werden Sie höchst wahrscheinlich eine ganze armenische Familie kennenlernen:

hajr	Vater
t'at'ik'	Großmutter
majr	Mutter
p'ap'ik'	Großvater
t'ëxa	Sohn
kujr	Schwester
axdschik'	Tochter
jexb'ajr	Bruder
kerri / horjexp'ajr	Onkel
morakujr / horakujr	Tante

Unterwegs ...

Orientierung

rechts	**adsch**
links	**dsach**
Bank	**bank’**
geradeaus	**uxix**
nah	**mot’ik**
Restaurant	**rreßt’oran**
Botschaft	**deßp’anat’un**
Café	**k’afe**
weit	**herru**
Straße	**poxoz**
Park	**ajgi**
Boulevard	**p’oxot’a**
Kreuzung	**chatschmeruk’**
Kurve	**p’ët’ujt’**
Platz	**hrap’arak’**
Stadt	**kaxak**
Innenstadt	**kaxaki k’ent’ron**
Dorf	**gjux**
Land	**jerk’ir**
See	**litsch’**
Geschäft	**chanut**
Rundfahrt	**sboßap’ët’ujt’**
Gebäude	**schenk**
Krankenhaus	**hiwandanoz**
Kaufhaus	**hanrachanut**
Polizei	**woßt’ik’anutjun**

Verkehr

awt'obuß	Bus
met'ro	U-Bahn
t'ramwaj	Straßenbahn
gnazk	Zug
awt'o	Auto
jertuxajin t'akßi	Sammeltaxi
t'ak'ßi	Taxi
odanawak'ajan	Flughafen
t'omß	Fahrkarte
k'angarr	Haltestelle
jertuxajin k'ajaran	Bahnhof

Wo ist (...)?
(...) որտե՞ղ է
(...) wort'ex e?
(...) wo? ist

Wie komme ich bitte nach (...)?
Ներեցեք, ինչպե՞ս կարելի է գնալ ...
nerezek, intschp'eß k'areli e gnal (...)?
verzeihen(-Sie), wie? möglich ist gehen (...)

Wo muß ich einsteigen / aussteigen?
որտե՞ղ պետք է նստեմ / իջնեմ
wort'ex p'et'k e nëßt'em / idschnem?
wo? nötig ist einsteige / aussteige

Welche Buslinie fährt nach (...)?
ո՞ր համարի ավտոբուսն է գնում դեպի ...
wor hamari awt'obußn e gnum dep'i (...)?
welche? Nummer2 Bus-der ist Gehen-beim nach (...)

որտեղի՞ց կարող եմ տոմս գնել
wort'exiz k'arox em t'omß gnel?
woher7 ? fähig bin Fahrkarte kaufen
Wo kann ich einen Fahrschein kaufen?

շա՞տ հեռու է
schat' herru e?
sehr? weit ist
Ist es sehr weit?

Sehenswürdigkeiten

schat'rwanner	Fontäne
huschardsan	Denkmal
k'onßerwat'oria	Konservatorium
wank	Kloster
t'atsch'ar	Kathedrale
schuk'a	Markt
jek'exezi	Kirche
filharmonia	Philharmonie
jerit'aßardak'an p'alat'	Jugendpalast
op'eraji jew balet'i tat'ron	Opern- und Ballett-Theater
tangaran	Museum
gasananoz	Zoo

Auto

Es besteht zwar die Möglichkeit, in Armenien ein Auto zu mieten und damit selbst durchs Land zu fahren, da aber die Straßen überall im Lande in ziemlich schlechter Verfassung sind, ist leider auch die Wahrscheinlichkeit einer Panne verhältnismäßig hoch. Der Mangel an gerade diesem oder jenem Ersatzteil und dem Pannendienst unterwegs (obwohl Armenier einander unterwegs bei Pannen und Notsituationen immer eine hilfreiche Hand bieten und im allgemeinen fachkundige Autoschlosser sind!) macht eine lange Autofahrt durchs Land eine Sache für eingefleischte Abenteurer! Oft kann man doch jemanden finden (manchmal sogar Taxifahrer), der dazu bereit ist, Sie irgendwohin außerhalb der Stadt zu fahren (gegen Bezahlung von Benzin oder Unkostenerstattung. Tarif im voraus vereinbaren!). Am besten kann man sich jedenfalls im Hotel nach den günstigsten Möglichkeiten zur Bereisung und Erforschung des Landes erkundigen. Mit der Bahn reisen nur sehr wenige, und dann auch nur, wenn sie wirklich keine andere Wahl haben; die armenischen Eisenbahnen verkehren in einem erbärmlichen Zustand.

Taxi

Wo ist der Standplatz für Taxis?

որտե՞ղ է տաքսու կանգառը
wort'ex e t'akßu k'angarrë?
wo? ist Taxi2 Warteplatz-der

Zum Flughafen "Swartnoz" / Hotel (...) bitte.

'Զվարթնոց' օդանավակայան / ... հյուրանոց, խնդրեմ
'Swartnoz' odanawak'ajan, (...) hjuranoz, chëntrem.
'Swartnoz' Flughafen / (...) Hotel, bitte(-ich)

Können Sie mich nach (...) fahren?

կարո՞ղ եք ինձ ... տանել
k'arox ek inds (...) t'anel?
fähig? sind(-Sie) mich (...) bringen

Würden Sie bitte hier anhalten?

այստեղ կանգնեք, խնդրում եմ
ajßt'ex k'angnek, chëntrum em.
hier anhalten(-Sie), Bitten-beim bin

Wieviel verlangen Sie dafür?

ինչքանո՞վ կտանեք
intschkanow k'ët'anek?
wieviel5 ? werden-mitnehmen(-Sie)

Was bin ich Ihnen schuldig?

ինչքա՞ն պետք է վճարեմ
intschkan p'et'k e wëtsch'arem?
wieviel? nötig ist bezahle

Am Flughafen

Am Flughafen von Jerewan ist immer jemand zu finden, der französisch oder einigermaßen englisch sprechen kann. Einfacher ist es jedoch auf armenisch.

ես կուզենայի գնել Երևան–Ֆրանկֆուրտ ուղերթով ինքնաթիռի տոմս

Ich möchte einen Flug Jerewan – Frankfurt buchen.
jeß k'usenaji gnel Jerewan-Frank'furt' uxertow inknatirri t'omß.
ich möchte(-ich) kaufen Jerewan-Frankfurt Strecke5 Flugzeug2 Flugschein

... որտ՞եղ է

Wo ist (...)?
(...) wort'ex e?
(...) wo? ist

որտ՞եղ եմ կարող ստանալ իմ ուղեբեռը

Wo kann ich mein Gepäck abholen?
wort'ex em k'arox ßt'anal im uxeberrë?
wo? bin fähig bekommen mein Gepäck-das

իմ ուղեբեռը չկա

Ich kann mein Gepäck nicht finden.
im uxeberrë tschëk'a.
mein Gepäck-das nicht-gibt(-es)

ես կուզենայի փող փոխանակել

Ich möchte Geld wechseln.
jeß k'usenaji pox pochanak'el.
ich möchte(-ich) Geld wechseln

Das ist mein Handgepäck.

սա իմ ձեռքի ուղեբեռն է
ßa im dserrki uxeberrn e.
das mein Hand2 Gepäck-das ist

Wieviel muß ich für das Übergepäck bezahlen?

ինչքա՞ն պետք է ավելորդ ուղեբեռի համար մուծեմ
intschkan p'et'k e awelord uxeberri hamar muz'el?
wieviel? nötig ist zusätzliches Gepäck2 für bezahlen

Hat dieser Flug Verspätung?

այս թռիչքը ուշացում ուն՞ի
ajß trritschkë uschazum uni?
dieser Flug-der Verspätung hat(-es)?

Wann ist die Ankunft/der Abflug?

թռիչքը / վայրէջքը քանիսի՞ն է
trrischkë / wajredschkë kanißin e?
Flug-der / Ankunft-die wann? ist

Kann ich hier ein Visum beantragen?

կարո՞ղ եմ վիզան այստեղից ստանալ
k'arox em wisan ajßt'exiz ßt'anal?
fähig? bin Visum-das hier7 bekommen

Ich kann Sie nicht verstehen. Ich brauche einen Dolmetscher.

ես ձեզ չեմ հասկանում, ինձ հարկավոր է թարգմանիչ
jeß dses tschem haßk'anum, inds hark'awor e targmanitsch.
ich Sie nicht-bin Verstehen-beim, mir notwendig ist Dolmetscher

Am Flughafen

Bordkarte	t'exak'ët'ron
Direktflug	anwajredschk trritschk
Eincheckschalter	granzman k'et
Familienname	asganun
Fluggast	uxewor
Flughafengebür	jelki p'et'ak'an t'urk
Flugschein	inknatirri t'omß
Flugzeug	inknatirr / odanaw
Fundbüro	p'ahaßenjak'
Geburtsdatum	z'ënëndatiw
Geburtsort	z'ënëndawajr
Geschenke	nwerner
gültig	ushi medsch
Informationsschalter	t'exek'atu bjuro
Koffer	tsch'amp'ruk'
Paßkontrolle	andsnagri ßt'ugum
planmäßig	shamanak'in
Reisepaß	andsnagir
Reiseziel	werdschnak'et'
reservieren	amragrel
Staatsangehörigkeit	kaxakaziutjun
Ticketschalter	t'omßark'x
Toilette	sugaran
Transit	t'aranzik'
Unterschrift	ßt'oragrutjun
Visum	wisa
Vorname	anun
Wohnort	bnak'awajr
Zollamt	makßat'un
Zollerklärung	makßajin hajt'araragir

Unterkunft, Hotel

	ես նախօրոք պատվիրել եմ ...
Ich habe ein (...)	**jeß nachorok p'at'wirel em (...)**
reserviert.	*ich im-voraus reserviert bin (...)*

	ունե՞ք ...
Haben Sie (...)?	**unek ...?**
	haben(-Sie)? (...)

ein Einzelzimmer	**mek hoganoz ßenjak'**
ein Zweibettzimmer	**jerku hoganoz ßenjak'**
mit Bad	**baxnikow**
mit Dusche	**duschow**
für heute nacht	**ajß gischerwa hamar**
für (...) Tage	**(...) orwa hamar**

	... կ՞ա
Gibt es ein/eine/	**(...) k'a?**
einen (...)?	*(...) gibt-es?*

Klimaanlage	**odi worak'aworitsch**
Telefon	**herrachoß**
Fernseher	**herrußt'azujz**
Fax	**fakß**
eigene Toilette	**andsnak'an sugaran**
warmes Wasser	**t'ak dschur**

	կարելի՞ է սենյակը նախօրոք տեսնել
Kann man sich das Zimmer im voraus ansehen?	**k'areli e ßenjak'ë nachorok t'eßnel?**
	möglich? ist Zimmer-das im-voraus sehen
	այո, շատ հարմար է / ոչ, սենյակը չեմ հավանում
Ja, es ist sehr bequem/ Nein, das Zimmer gefällt mir nicht.	**ajo, schat' harmar e / wotsch, ßenjak'ë tschem hawanum.**
	Ja, sehr geeignet ist / nein, Zimmer-das nicht-bin Gefallen-beim bin
	խնդրում եմ ցույց տվեք ավելի ... սենյակ
Zeigen Sie uns ein (...) Zimmer.	**chëntrum em zujz t'wek aweli (...) ßenjak'.**
	Bitten-beim bin zeigen(-Sie) mehr (...) Zimmer

kleineres	**pokr**
größeres	**mez'**
ruhigeres	**hangißt'**
billigeres	**eshan**
besseres	**law**

	քանի՞ արժե սենյակը
Wieviel kostet das Zimmer (...)?	**kani arshe ßenjak'ë?**
	wieviel? kostet(-es) Zimmer-das?

pro Nacht	**gischerë**
mit Frühstück	**nachatsch'aschow**
pro Woche	**schabatë**
Vollpension	**lriw p'arenaworumow**

	նախաճաշը ժամը քանիսի՞ն է
Wann kann man frühstücken?	**nachatsch'aschë shamë kanißin e?**
	Frühstück-das Uhr-die wie-spät? ist

	մենք ... չունենք
Wir haben kein/	**menk (...) tschunenk.**
keine/keinen (...)?	*wir (...) nicht-haben(-wir)*

Badehandtuch	**zamkoz**
Handtuch	**ßërpitsch**
Seife	**otsch'arr**
Toilettenpapier	**sugarani tuxt**
Decke	**adjal**
warmes/kaltes Wasser	**t'ak / ßarrë dschur**
Schlüssel	**banali**

	... չի աշխատում
Der/das/die (...)	**(...) tschi aschchat'um**
funktioniert nicht.	*(...) nicht(-ist) Funktionieren-beim*

Licht	**lujßë**
Toilette	**sugaranë**
Heizung	**dscherruzumë**

	մենք վաղը մեկնելու ենք:
Wir reisen morgen ab.	**menk waxë mek'nelu enk.**
	wir morgen abreisen-werden sind(-wir).
	խնդրում եմ հաշիվը պատրաստել
Machen Sie bitte	**chëntrum em haschiwë p'at'raßt'el.**
die Rechnung fertig.	*Bitten-beim bin Rechnung-die fertig-machen*
	դուք ձեր հաշիվների մեջ սխալվել եք
Sie haben sich	**duk dser haschiwneri medsch ßchalwel ek.**
verrechnet.	*Sie Ihrer Rechnungen2 in geirrt sind(-Sie)*

կարո՞ղ եք մեզ համար տաքսի կանչել
Könnten Sie ein Taxi für uns rufen? **k'arox ek mes hamar t'akßi k'antschel.**
fähig sind(-Sie) uns für Taxi rufen

ßp'aßuhi	Zimmermädchen
tsch'aschaßrah	Speisesaal
wanna	Badewanne
baxnik	Badezimmer
dusch / zënzux	Dusche
hark'	Etage
bards	Kissen
tsch'asch	Mittagessen
ëntrik	Abendessen
ëntunaran	Rezeption
p'aharan	Schrank

Am See

Am größten See im Transkaukasus, dem Sewan-See, gibt es einfache Ferienanlagen und Jugendlager (in Sowjetzeiten noch von jungen Pionieren bewohnt), in denen man übernachten kann. Viel Luxus sollte man jedoch nicht erwarten. Es lohnt sich auf jeden Fall, die schöne Gegend zu erkunden, einen Spaziergang zu machen, oder den berühmten ischchan-Fisch zu probieren.

ներեցեք, կարո՞ղ ենք ձեզ մոտ սենյակ վարձել
nerezek, k’arox enk dses mot’ ßenjak’ wardsel?
verzeihen(-Sie), fähig? sind(-wir) Ihnen bei Zimmer mieten
Entschuldigung, kann man bei Ihnen ein Zimmer mieten?

մենք ուզում ենք ... օր մնալ
menk usum enk (...) or mnal.
wir Wollen-beim sind(-wir) (...) Tag bleiben
Wir wollen (...) Tage bleiben.

տաք ջուր / դուշ / զուգարան կ՞ա
t’ak dschur / dusch / sugaran k’a?
warmes Wasser / Dusche / Toilette gibt(-es)?
Gibt es warmes Wasser / Dusche / Toiletten?

որտե՞ղ կարելի է հայտնի "իշխան" ձուկը ուտել / նավակ վարձել
wort’ex k’areli e hajt’ni „ischchan“ dsuk’ë ut’el / nawak’ wardsel?
wo? möglich ist berühmte „Ischchan“ Fisch-der essen / Boot mieten
Wo kann man hier den berühmten „Ischchan“ Fisch essen / ein Boot mieten?

Fischsorten aus dem Sewan-See

ßig	Sig (lachsartiger Fisch)
z'az'an	Karpfen
k'oxak'	Kochak
bacht'ak'	Bachtak
bexlu	Bechlu
ischchan	Ischchan (Prinz)
p'ëtsch'nasard / woßk'ehat'ik' k'armrachajt'	Tüpfelforelle / Fürstenforelle

Essen und Trinken

Frühstück	**nachatsch'asch**		
Mittagessen	**tsch'asch**		
Abendessen	**ëntrik**		
Gericht	**tsch'aschat'eßak'**		
fett	**juxali**	mager	**wotsch juxali**
frisch	**tarm**	hart	**p'ind**
kalt	**ßarrë / p'ax**	zart	**papuk'**
heiß	**t'ak**	ungesalzen	**anali**
hungrig	**ßowaz'**	satt	**k'uscht'**
Kellner	**mat'uzox**	scharf	**k'ëz'u**
gar	**jepwaz'**	roh	**hum**
salzig	**axi**	süß	**kaxzr**
sauer	**tëtu**	Serviette	**andserrozik'**
Speisekarte	**menju**	Suppe	**ßup' / ap'ur**
vegetarisch	**bußak'erak'an**	Vorspeise	**nachut'eßt'**
Gabel	**p'at'arrakax**	Löffel	**gëdal**
Messer	**danak'**	Tasse / Glas	**gawat / bashak'**
Teller	**ap'ße**	Appetitanreger	**chort'k'exen**
Trinkgeld	**tejapox**	Tisch	**ßexan**

Zubereitungsweisen

gebacken	**tëchwaz'**
gekocht	**jepwaz'**
gebraten	**t'ap'ak'az'**

Zum Frühstück

Brot	**haz**
Butter	**k'arak**
Käse	**p'anir**
Marmelade	**dshem**
Pfannkuchen	**blinik'ner**
Joghurt	**maz'un**
Ei	**dsu**
Omelett	**dswadsex**
Butterbrot	**but'erbrot'**
Honig	**mexr**

Süßspeisen

Torte	**t'ort**
Kuchen	**k'ekß**
Konfekt / Zucker	**k'onfet'**
Eis	**p'axp'axak'**
Schokolade	**schok'olad**

Gemüse

Aubergine	**badridschan**
Bohne	**lobi**
Erbse	**ßißerr**
Gurke	**warung**

Kohl	**k'axamb**
Knoblauch	**ßcht'or**
Linse	**woßp'**
Karotte	**gasa**
Tomate	**lolik'**
(Kopf)salat	**ßalat**
Paprika	**p'ap'rik'a / t'akdex**
Zwiebel	**ßox**

Beeren- und Kernobst

Stachelbeere	**hat'apët'ux**
Johannisbeere	**haxardsch**
Erdbeere	**jelak'**
Himbeere	**asnwamori**
Brombeere	**mosch**
Birne	**t'ands**
Quitte	**ßerk'ewil**
Apfel	**chëndsor**

Steinobst und Nüsse

Kirsche	**k'erraß**
Pfirsich	**dexds**
Aprikose	**z'iran**
Pflaume	**ßalor**
Walnuß	**ënk'ujs / p'op'ok**

Kräuter und Appetitanreger

Petersilie	**maxadanoß**
Oliven	**dsitapët'ux**
Pfeffer	**p'xp'ex**
Salz	**ax**
Senf	**mananex**
Basilikum	**rrehan**
Estragon	**tarchun**
Minze	**ananuch**
Öl	**dset**
Essig	**kazach**
Eingelegtes	**tëtu**

Feldfrüchte, Nudeln

Weizen	**zoren**
Gerste	**gari**
Hirse	**k'orek'**
Reis	**brinds**
Nudeln	**mak'aron**
Kartoffel	**k'art'ofil**

Fleisch und Fisch

Rindfleisch	**t'awari miß**
Hammelfleisch	**wotschchari miß**
Würstchen	**nërpjerschik'**
Wurst	**jerschik'**
Fisch	**dsuk**
Hähnchen	**haw**
Schweinefleisch	**chosi miß**
Konserven	**p'ahaz'oner**

Südfrüchte

Dattel	**armaw**
Banane	**banan**
Feige	**tus**
Mandel	**nusch**
Granatapfel	**nurr**
Mandarine	**mandarin**
Zitrone	**limon**
Apfelsine	**narindsch**
Grapefruit	**grejp'frut'**
Wassermelone	**dsmeruk'**
Melone	**jemisch**
Sonnenblumenkern	**arewaz'axik'**
Rosine	**tschamitsch**
Pistazie	**p'ißt'ak'**
Trauben	**chaxox**

Getränke

Fruchtsaft	**mrki hjut**
Wein	**gini**
Tee	**tej**
Bier	**garedschur**
Kaffee	**ßurtsch'**
Schnaps	**oxi**
Milch	**k'at**
Cognac / Weinbrand	**k'onjak'**
Likör	**lik'jor**
Buttermilch	**tan**
Wasser	**dschur**
Mineralwasser	**hankajin dschur**
Erfrischungsgetränk	**analk'ohol ëmp'elik**
Champagner	**schamp'ajn**
Weine	
Süßwein	**kaxzr gini**
trockener Wein	**sut' gini**
Weißwein	**ßp'it'ak' gini**
Rotwein	**k'armir gini**
Tafelwein	**ßexani gini**
Dessertwein	**deßert'ajin gini**

Armenier trinken ziemlich viel und besonders gern, buchstäblich zu jeder Tageszeit, aber nur wenn es einen Anlaß dazu gibt und wenn man gerade Gäste hat. Es wird Ihren Gastgebern merkwürdig vorkommen, wenn Sie sagen, daß Sie keinen Alkohol trinken. Trotzdem ist dieser Satz einen Versuch wert:

շնորհակալություն, բայց ես ընդհանրապես ալկոհոլ չեմ օգտագործում

schnorhak'alutjun, bajz jeß ëndhanrap'eß alk'ohol tschem ogt'agorz'um.

Dank, aber ich überhaupt Alkohol nicht-bin Gebrauchen-beim

Danke, aber ich trinke überhaupt keinen Alkohol.

Essen und Trinken

Essen und Trinken gehört in allen kaukasischen Ländern zu den wichtigsten täglichen Verrichtungen, so auch bei den Armeniern. Nur beim Essen kann man richtig zur Ruhe kommen, gemütlich beisammen sitzen, mit Freunden oder Gästen plaudern, mit den Kindern spielen, Witze reißen und sich mit Tischgenossen auf eine Diskussion über Politik oder die wirtschaftliche Lage im Lande einlassen.

Es ist ein tägliches Ritual, das sich mehrmals am Tag wiederholen kann, denn jeden Moment kann der Nachbar, ein Freund oder eine Freundin, ein Kollege oder eine Kusine zu Besuch kommen. Umgehend wird ihm oder ihr ein Teller mit Essen oder eine Tasse Kaffee vorgesetzt. Er oder sie wird ausführlich nach Neuigkeiten ausgefragt und muß sich selbstverständlich beim Gastgeber nach dem Wohl der Kinder oder Enkelkinder erkundigen. Gastfreundlichkeit steht an erster Stelle. Ob man nun arm oder reich ist, wenn Gäste kommen, wird der Tisch unter allen Umständen üppig gedeckt. Manchmal wird zum Abschluß einer guten Mahlzeit eine Partie Schach (schachmat') oder nardi (eine Art Backgammon) gespielt. Darauf folgen Kaffee, Zigarette (ßigaret') oder Cognac und noch mehr Diskussionen.

hajk'ak'an chohanoz

Die armenische Küche

Die armenische Küche ist ziemlich vielseitig in Ihrer Zubereitung und Zusammenstellung.

Die Vorbereitung spielt eine große Rolle und nimmt viel Zeit in Anspruch. Armenier finden es selbstverständlich, lange in der Küche zu stehen. Während der Vorbereitung wird auch schon mal ein Kaffee getrunken. Aufgrund der geographischen Lage des Landes ist die armenische Küche von vielen Seiten her beeinflußt. So findet man vieles aus der Küche der Mittelmeerländer auf dem armenischen Teller zurück, obwohl die Nationalküche selbst auch ziemlich viel Originelles aufweist und von Region zu Region ihre Unterschiede kennt. Sie ist im allgemeinen nicht extrem im Geschmack, jedes Gericht hat ein gewisses Gleichgewicht. In vielen Gerichten wird neben Salz oder Pfeffer eine feste Zusammenstellung von grünen Kräutern (k'anatschi) benutzt, die dem Gericht seinen speziellen Geschmack verleihen. Oft stellt man dazu auch eine Reihe ungekochter und grüner Kräuter zusammen mit verschiedenen Käsesorten auf den Tisch. Neben Fleischgerichten sind Gemüsesorten (bandscharexen) und Obst (mirk) bei allen Armeniern sehr populär und finden sehr häufig Verwendung als Beilage zur Hauptspeise oder zum Nachtisch. Hauptbestandteil jeder Mahlzeit ist jedoch immer Brot (haz). Ohne Brot ist eine Mahlzeit unvollständig. Ohne Brot hat ein Armenier das Gefühl nicht satt zu sein. Typische Vorspeisen sind verschiedenartige Salate (axzan/ßalat), Käse oder Wurstsorten mit Brot, hauptsächlich die armenischen Brotsorten Lawasch (ein flaches und extrem dünnes Brot) oder mat'nakasch (mit den Fingern gezogen).

Zum Trinken gibt es meistens Wein, Schnaps (Wodka), Likör und Bier. Nichtalkoholische Getränke sind bei warmem Wetter vor allem klares Wasser, tan (buttermilchartiges Getränk), Erfrischungsgetränke aus Amerika und Europa und viele Sorten Fruchtsaft (z. B. Aprikosen-, Orangen- oder Himbeersaft). Starker, schwarzer Kaffee aus kleinen Tassen wird tagsüber mehrmals getrunken, schwarzer Tee (eventuell mit Zitrone) mal zur Abwechslung, letzterer manchmal zu hausgemachten Konfitüren.

hajk'ak'an k'erak'urner **Armenische Gerichte**

խորոված	**chorowaz'**	Grillfleisch vom Spieß (Schaschlik)
Կարսի խորոված	**K'arßi chorowaz'**	Schoarma-Fleischstreifen
խաշլամա	**chaschlama**	gedünstete Rind- oder Hammelfleischstücke, Zwiebeln und „Kanatschi", dazu manchmal gekochte Kartoffeln
խաշ	**chasch**	Suppe aus Rinderfüßen und Rindermagen, dazu werden Unmengen von Knoblauch gegessen
բոզբաշ	**bosbasch**	Rindfleischsuppe mit reichlich Gemüse
կոլոլիկ	**k'ololik'**	herzhafte Suppe mit Fleischklößchen, Reis, Estragon und geschlagenem Ei.
բադրիջանի	**badridschani**	
խավիար	**chawiar**	Paste aus gegrillten Auberginen
տոլմա	**t'olma**	gerollte Weinblätter mit einer Füllung aus Hackfleich, Reis und Kanatschi. Dazu eine Joghurt- und Knoblauchsoße.
բաստուրմայով	**baßt'urmajow**	
ձվածեղ	**dswadsex**	Omelett mit der trocknen, gepreßten, gewürzten „Basturma".

գաթա	**gata**	lockeres Teiggebäck mit leichter Füllung
ընկույզով	**ënk'ujsow**	
կանաչ լոբի	**k'anatsch lobi**	Brechbohnen mit Walnüssen und Kräutern
իշխան	**ischchan**	Sewanforelle, auf verschiedene Arten zubereitet
թանապուր	**tanap'ur**	Suppe von „Tan", Weizen und Kanatschi
կարկանդակ	**k'ark'andak'**	Teigrollen mit Hackfleisch-, Kartoffel- oder Leberfüllung
լցոնած տաքդեղ	**lzonaz' t'akdex**	Gefüllte Paprika

Im Restaurant / Café

Auswärts in einem Restaurant (rreßt'oran) essen gehen ist für den durchschnittlichen Armenier zu teuer, deshalb ißt und trinkt man hauptsächlich zu Hause mit Freunden. Anders liegt es beim Trinken. Vor allem in den warmen Sommermonaten sieht man viele Stadtbewohner durch die Straßen flanieren und danach in einem Café (k'afe) etwas trinken. In den einfachen Cafés bekommt man in der Regel außer schwarzem Kaffee, manchmal auch Tee, Tan, Erfrischungsgetränke, Gebäck, Kuchen und Eis.

Ներեցեք, այս սեղանը / տեղը ազա՞տ է
nerezek, ajß ßexanë / t'exë asat' e?
verzeihen(-Sie), dieser Tisch-der / Platz-der frei? ist
Entschuldigung, ist dieser Tisch / Platz frei?

Bedienung!

ուցող, խնդրեմ
mat'uzox, chëntrem!
Kellner, bitte

Wir möchten die Speisekarte haben.

խնդրում եմ մենյուն բերեցեք
chëntrum em menjun berezek.
Bitten-beim bin Speisekarte-die bringen(-Sie)

Haben Sie auch vegetarische Gerichte?

դուք ո՞ւնե՞ք բուսակերական կերակուրներ
duk unek bußak'erak'an k'erak'urner?
Sie haben(-Sie)? vegetarische Gerichte

Ich werde (...) nehmen.

ես ... կվերցնեմ
jeß (...) k'ëwerznem.
ich (...) werde-nehmen(-ich)

Können Sie uns eine Flasche (...) / eine Tasse Kaffee bringen?

մեզ կարո՞ղ եք բերել մեկ շիշ ... /
մեկ բաժակ սուրճ
mes k'arox ek berel mek' schisch (...) /
mek' bashak' ßurtsch'.
uns fähig sind(-Sie) bringen eine Flasche (...) /
eine Tasse Kaffee

Bitte mit Eis.

սառույցով, խնդրում եմ
ßarrujzow, chëntrum em.
Eis5 , Bitten-beim bin

Uns fehlt (...)

կներեք, մեզ ... չեք բերել
k'ënerek, mes (...) tschek berel.
werden-verzeihen(-Sie), nicht-sind(-Sie) bringen

	կերակուրը սառն է
Das Essen ist kalt.	**k'erak'urë ßarrn e.**
	Essen-das kalt ist
	բարի ախորժակ
Guten Appetit!	**bari achorshak'!**
	guten Appetit
	մի քիչ էլ ... բերեցեք, խնդրում եմ
Bringen Sie bitte noch etwas (...)	**mi kitsch el (...) berezek, chëntrum em.**
	ein bißchen noch (...) bringen(-Sie), Bitten-beim bin
	շատ ընտիր էր
Es war köstlich.	**schat' ënt'ir er.**
	sehr vorzüglich war(-es)
	հաշիվը, խնդրեմ
Zahlen, bitte.	**haschiwë, chëntrem.**
	Rechnung-die, bitte

Toilette und Hygiene

Es ist nicht leicht in einer Großstadt wie Jerewan öffentliche Toiletten zu finden. Es gibt sehr wenige davon in der Stadt, oft sind sie auch sehr schmutzig und unhygienisch, Toilettenpapier fehlt im allgemeinen. Man kann jedoch in einigen Lokalen, aber auch in Restaurants Toiletten finden, die durchaus sauber gehalten werden und mit bescheidenem Komfort ausgerüstet sind. Toiletten in Hotels sind jedenfalls sauber und fuktionieren fast immer. Es empfiehlt sich jedoch in Zweifelfällen immer und überall Toilettenpapier mitzunehmen.

Ներեցեք, այստեղ զուգարան կա՞
Entschuldigung, gibt es hier Toiletten? — **nerezek, ajßt'ex sugaran k'a?**
verzeihen(-Sie), hier Toilette gibt(-es)?

... էլ կա՞
Ist auch (...) da? — **(...) el k'a?**
(...) auch gibt(-es)?

Toilettenpapier	**sugarani tuxt**
frei	**asat'**
Papierkorb	**axbaman**
besetzt	**sbaxwaz'**
Seife	**otsch'arr**
„Herren“	**k'ananz**
Handtuch	**ßërpitsch**
„Damen“	**txamardk'anz**

Einkaufen

Einkaufen (arrjewt'ur/gnumner) kann man zu jeder Zeit und überall in Armenien. Große Kaufhäuser und Supermärkte wie im Westen Europas gibt es jedoch nur selten. Für Medikamente (dexorajkner) kann man wie überall in die Apotheke gehen, für allerlei Lebensmittel (ßnndamterkner), Spirituosen (alk'oholajin chmitschkner), Drogerieartikel, Zeitungen, Tabakwaren und sogar Bücher (grker) ist man in vielen Fällen auf Straßenmärkte und Buden angewiesen, die man überall in den Städten und außerhalb finden kann. Hier findet der Konsument wirklich alles, was er sich wünschen kann: von Brot bis Rasierseife, von Cognac bis Videokassetten. Für frische Lebensmittel muß man aber unbedingt den Zentralmarkt (pak' schuk'a) besuchen, hier gibt es alles für Feinschmecker.

Oft steht an der Ladenfront ganz schlicht, welche Artikel dort verkauft werden: „Fotos", „Brot", „Bücher" usw. Wenn es Ihnen nicht gelingt, zu finden, was Sie suchen, so nennen Sie einfach den betreffenden Artikel (im 2. Fall) und fügen Sie das Wort chanut hinzu. Vielleicht wird Ihnen diese Geschäftsliste nützlich sein.

Geschäfte	chanutner
Apotheke	**dexat'un**
Bäckerei	**hazi chanut**
Buchhandlung	**grachanut**
Fotoartikel	**foto'ap'rankneri chanut**
Juwelier	**woßk'ertschak'an**
Reisebüro	**t'urißt'ak'an bjuro**
Kunstgewerbe	**gexarweßt'i ßrah**

Konditorei	**hruschak'exen**
Markt	**schuk'a**
Reiseandenken	**huschanwerner / ßuwenir**
Zeitungshändler	**terti k'rp'ak'**
Kaufhaus	**hanrachanut**

որտե՞ղ կարող եմ ... գնել / առնել
Wo kann ich (...) kaufen? **wort'ex k'arox em (...) gnel / arrnel?**
wo? fähig bin (...) kaufen / kaufen

ես ... կուզենայի
Ich hätte gern (...) **jeß (...) k'usenaji.**
ich (...) möchte(-ich)

Anhänger	**wsnoz**	Pullover	**ßwit'er**
Badeanzug	**loxasgeßt'**	Reiseführer	**uxezujz**
Badehose	**loxawart'ik**	Rasierklinge	**az'eli**
Creme	**k'rem**	Shampoo	**schamp'un**
Damenbinden	**k'ananz higienik' midschadir**	Seife	**otsch'arr**
		Sonnenbrille	**arewi ak'noz**
Deodorant	**desodorat'or**	Stadtplan	**kart'es**
Feuerzeug	**warroz**	Tampons	**t'amp'on**
Hose	**schalwar**	Watte	**bambak'**
Kugelschreiber	**gritsch**	Windeln	**p'amp'erß**
Papier	**tuxt**	Zahnpasta	**at'amnakßuk**
Pfeifentabak	**z'chamortsch'i z'chachot'**	Zeitschrift	**p'arberagir, handeß**
Pflaster	**ßp'exani**	Zigaretten	**ßigaret'**

Haben Sie auch ein (...)?

... ունե՞ք
(...) unek?
(...) haben(-Sie)?

Anderes — **urischë**
Billigeres / Besseres — **aweli eshanë / aweli lawë**
Größeres / Kleineres — **aweli mez'ë / aweli pokrë**
Engeres / Weiteres — **aweli nexë / aweli lajnë**
Kurzeres / Längeres — **aweli k'artsch'ë / aweli jerk'arë**

Man kann es ja immer mal versuchen:

Könnten Sie Rabatt geben?

զեղչումով կտայի՞ք / կարո՞ղ եք զեղճ տալ
sextschumow k'ët'ajik? / k'arox ek sextsch' t'al?
Rabatt5 würden-geben(-Sie)? / fähig? sind(-Sie) Rabatt geben

Gut, das nehme ich.

լավ, սա կվերցնեմ
law, ßa k'ëwerznem.
gut, das werde-nehmen(-ich)

Was kostet es?

ի՞նչ / որքա՞ն արժե
intsch / workan arshe?
was? / wieviel? kostet(-es)

Kann ich mit Dollar zahlen?

կարո՞ղ եմ դոլլարով վճարել
k'arox em dollarow wtsch'arel?
fähig? bin Dollar5 bezahlen?

Fotografieren

	ինձ հարկավոր է ...
Ich brauche ein / einen / eine (...)	**inds hark'awor e (...).**
	mir notwendig ist (...)

einen Film mit 12 / 24 / 36 Aufnahmen	**12 / 24 / 36 k'adrani fot'oshap'awen / p'ljonk'a**
Batterien	**mart'k'ozik' / element'**
Blitz	**fßpischk'a* / fot'olußabrrnk'man ßark'**
Dias	**diap'osit'iw**
Foto	**nk'ar / lußank'ar**
filmen	**t'eßagrel**
Fotoapparat	**(fot'o)ap'arat'**
fotografieren	**(lußa)nk'arel**
Paßbilder	**lußank'ar andsnagri hamar**
Videokassetten	**wideok'aßet'a**
Videokamera	**wideok'amera**

* fßpischk'a *ist Russisch für* ***Blitzapparat.*** *Ins Armenische wird noch immer unglaublich viel Russisch hineingemischt (vor allem im Bereich der Technik und Medizin), so viel und oft, daß viele, oft ursprünglich armenischen Wörter fast außer Gebrauch geraten sind.*

Könnten Sie bitte diesen Film entwickeln?

կարո՞ղ եք այս ֆոտոժապավենը / պլյոնկան հայտածել
k'arox ek ajß fot'oshap'awenë / p'ljonk'an hajt'az'el?
fähig? sind(-Sie) diesen Film-der / Film-der entwickeln

Wann soll ich die Fotos abholen?

ե՞րբ կարող եմ նկարները ստանալ
jerp k'arox em nk'arnerë ßt'anal?
wann? fähig bin Fotos-die bekommen

Darf ich Sie fotografieren?

կարո՞ղ եմ ձեզ նկարել
k'arox em dses nk'arel?
fähig? bin Sie fotografieren

Darf man hier fotografieren?

կարե՞լի է այստեղ նկարել
k'areli e ajßt'ex nk'arel?
möglich? ist hier fotografieren

Würden Sie bitte ein Foto von uns machen?

ներեցեք, մեզ կնկարեի՞ք
nerezek, mes k'ënëk'arejik?
verzeihen(-Sie), uns würden-fotografieren(-Sie)?

Polizei, Behörden

Ich wurde bestohlen.	ինձ կողոպտել են **inds k'oxop't'el en.** *mich bestohlen sind(-sie)*
Mein / meine (...) ist / sind weg.	իմ ... գողացել են **im (...) goxazel en.** *mein / meine (...) gestohlen sind(-sie)*
Ich habe mein / meine / meinen (...) verloren.	ես կորցրել եմ իմ ... **jeß k'orzrel em im (...).** *ich verloren bin mein / meine / meinen (...)*

Diebstahl	**goxutjun**
Fotoapparat	**fot'oap'arat'ë**
Geld	**poxë / dramë**
Handtasche	**dserki p'ajußak'ë**
Papiere	**paßt'atxterë**
Polizei	**milizia / woßt'ik'anutjun**
Polizist	**woßt'ik'an**
Reisepaß	**andsnagirë**
Schmuck	**woßk'exenë**
stehlen	**goxanal**
verlieren	**k'orznel**
Visum	**wisa**

խնդրում եմ զանգահարեք գերմանական / ֆրասիական դեսպանություն
chëntrum em sangaharek germanak'an / franßiak'an deßp'anutjun.
Bitten-beim bin anrufen(-Sie) deutsche / französische Botschaft
Rufen Sie bitte die deutsche / französische Botschaft an.

„OVIR" heißt das Registrierungsamt für Visa, bei dem man unter bestimmten Bedingungen sein Einreisevisum verlängern kann.

ես կուզենայի իմ վիզան երկարացնել
jeß k'usenaji im wisan jerk'araznel.
ich möchte(-ich) mein Visum-das verlängern
Ich möchte mein Visum verlängern.

Post, Telefonieren

ներեցեք, գլխավոր պոստատունը որտե՞ղ է
nerezek, glchawor poßt'at'unë wort'ex e?
verzeihen(-Sie), Haupt- Postamt-das wo? ist
Können Sie mir bitte sagen, wo das Hauptpostamt ist?

կուզենայի այս նամակը / այս բացիկը / հեռագիր ուղարկել ...
k'usenaji ajß namak'ë / ajß bazik'ë / herragir uxark'el (...).
möchte(-ich) diesen Brief-der / diese Ansichtkarte-die / Telegramm schicken (...)
Ich möchte diesen Brief / diese Ansichtkarte / ein Telegramm nach (...) schicken.

	կարո՞ղ եմ այստեղից ֆաքս ուղարկել ...
Kann ich hier ein Telefax nach (...) schicken?	**k'arox em ajßt'exiz fakß uxark'el (...).**
	fähig? bin hier7 Telefax schicken (...)

Deutschland	**Germania**
in die Schweiz	**Schwejzaria**
Österreich	**Awßt'ria**
in die Niederlande	**Holandia**
Belgien	**Belgia**

per Einschreiben	**p'atwirwaz'**
mit Luftpost	**odajin poßt'ow**
per Express	**ek'ßp'reß**

	ինչքա՞ն կտևի
Wie lange dauert das?	**intschkan k'ët'ewi?**
	wieviel? wird-dauern-es

Adresse	**haßze**
Drucksache	**t'p'agrak'an njuter**
ausfüllen	**Iraznel**
Päckchen	**z'anroz**
Briefmarke	**namak'anisch**
Umschlag	**z'rar**

Telefonieren

կուզենայի արտասահման զանգել / քաղաքում զանգել
k'usenaji art'aßahman sangel / kaxakum sangel.
möchte(-ich) Ausland anrufen / Stadt6 anrufen
Ich möchte ein Auslandsgespräch / ein Ortsgespräch führen.

հեռախոսի համարն է՝ ...
herrachoßi hamarn e (...).
Telefon2 Nummer-die ist (...)
Die Telefonnummer lautet ...

րոպեն որքա՞ն արժե
rop'en work'an arshe?
Minuten-die wieviel? kostet(-es)
Was kostet die Minute?

Telefonieren kann man am besten vom Fernsprechamt aus (beim Hauptpostamt), obwohl die Leitungen überall in Armenien ziemlich schlecht sind. Man gibt die Nummer an, die man wählen möchte, wird verbunden und kann von der Kabine aus sein Gespräch führen. Telefonzellen/ Münzfernsprecher sind für Auslandsgespräche ungeeignet und funktionieren sowieso oft gar nicht.

ալո, ներեցեք, կարելի՞ է պարոն Խաչատրյանի հետ խոսել
alo, nerezek, k'areli e p'aron Chatschat'rjani het' choßel?
hallo, verzeihen(-Sie), möglich? ist Herrn Chatschatrjan2 mit sprechen
Hallo, dürfte ich bitte Herrn Chatschatrjan sprechen?

զբաղված է
sbaxwaz' e.
besetzt ist.
Es ist besetzt.

պատասխան չկա
p'at'aßchan tschëk'a.
Antwort nicht-gibt(-es)
Es meldet sich niemand.

Telefon **herrachoß**
Vorwahl **k'od**

Bank und Geld

Zur Zeit gibt es hier und da immer wieder Neugründungen von Banken, an die man sich für einfache Transaktionen wenden kann, wie Wechseltransaktionen, Geldüberweisungen ins Ausland usw.

Geld wechseln kann man überall in den größeren Städten, am besten in den vielen Wechselstuben (zu erkennen an den Schildern, oft mit Notierung der Wechselkurse).

Vor einigen Jahren wurde eine neue Währung, der Dram, für das unabhängige Armenien eingeführt.

Münzen (lumas) wurden schon seit langer Zeit aus dem Umlauf gezogen. Sowie in Jerewan, als auch in anderen Teilen Armeniens und anderen ehemaligen Sowjetrepubliken ist die immer gegenwärtige Macht des Dollars zu spüren. Fast alle Geldangelegenheiten kann man auch mit Dollars regeln, die gerne angenommen werden. Schecks und Kreditkarten sind keine übliche Erscheinung, ebenso wie Geldautomaten, deren Zahl noch sehr niedrig ist und bei denen man nur mit den allerbekanntesten Kreditkarten Geld abheben kann.

Geldangelegenheiten

bank'	Bank
txtadram	Banknote
k'anchik' dram	Bargeld
gumar	Betrag
t'aradram	Devisen
dram/pox	Geld
gandsnman mekena	Geldautomat
dramark'x	Kassa
ap'ahowagrutjun	Versicherung
waljut'a	Währung
pochanak'el	wechseln
waljut'ajin ëntazagin t'aradrami	Wechselkurs
pochanak'man k'rp'ak'	Wechselstube
wtsch'arum	Zahlung
t'ok'oßner	Zinsen

Einige Währungen

dram	Dram
rrubli	Rubel
germanak'an mark'	Deutsche Mark
awßt'riak'an schiling	österreichischer Schilling
holandak'an gulden	niederländische Gulden
amerik'jan dollar	US-Dollar
schwejzarak'an frank'	Schweizer Franken

Geldangelegenheiten

Wo ist hier bitte eine Bank / eine Wechselstube?

Ներեցեք, այստեղ բանկ / տարադրամի փոխանակման կրպակ որտե՞ղ կա:
nerezek, ajßt'ex bank' / t'aradrami pochanak'man k'rp'ak' wort'ex k'a?
verzeihen(-Sie), hier Bank / Fremdgeld2 Wechsel2 Stube wo? gibt(-es)

Wann ist die Bank geöffnet?

Ե՞րբ են բանկի աշխատանքի ժամերը:
jerp' en bank'i aschchat'anki shamerë?
wann? sind Bank2 Arbeit2 Stunden-die

Wie ist der Wechselkurs?

Ինչպիսի՞ն են վալուտային ընթացագները:
intschp'ißin en walut'ajin ëntazagnerë?
wie? sind Devise2 Wechselpreise-die

Ich möchte 100 US-Dollar in Dram umwechseln.

Ես կուզենայի դրամի փոխանակել 100 Ամերիկյան դոլլար:
jeß k'usenaji drami pochanak'el 100 amerik'jan dollar.
ich möchte Dram2 wechseln 100 amerikanische Dollar

Krank sein

In Armenien sollte man, wenn man ernsthaft krank ist den Notdienst anrufen und sich ins Krankenhaus fahren lassen, denn ein Hausärztesystem mit unabhängig praktizierende Ärzten gibt es nicht. Fast alle Ärzte sind in Krankenhäusern tätig. Wenn Sie sich im Hotel befinden, benachrichtigen Sie den Hotelarzt. Es ist aber auch durchaus möglich, daß Sie irgendwo zu Gast sind und man zufälligerweise einen guten Arzt kennt und dann diesen kommen läßt.

խնդրում եմ բժիշկ / շտապօգնություն կանչեք
chëntrum em bshischk' / scht'ap'ognutjun k'antschek!
Bitten-beim bin Arzt / Krankenwagen rufen(-Sie)
Rufen Sie bitte einen Arzt / Krankenwagen!

ինձ հիվանդ / վատ եմ զգում
inds hiwand / wat' em sgum.
mir krank / schlecht bin Fühlen-beim
Ich fühle mich krank / nicht wohl.

ջերմություն / փորկապություն / փորլուծություն ունեմ
dschermutjun / pork'ap'utjun / porluz'utjun unem.
Fieber / Verstopfung / Durchfall habe
Ich habe Fieber / Verstopfung / Durchfall.

Mir ist schwindlig.
գլխապտույտներ ունեմ
glchap't'ujt'ner unem.
Schwindelanfälle habe

Hier tut es weh.
այստեղը ցավում է
ajßt'exë zawum e.
hier-das Weh-Tun-beim ist

Ich habe einen hohen/ niedrigen Blutdruck.
բարձր / ցածր արյան ճնշում ունեմ
bardsr / zaz'r arjan tsch'ënschum unem.
hohen / niedrigen Blut2 Druck habe

Ich bin Diabetiker/ schwanger.
ես շաքարախտով հիվանդ եմ / ես հղի եմ
jeß schakaracht'ow hiwand em. / jeß hxi em.
ich Diabet5 krank bin / ich schwanger bin

Muß ich ins Krankenhaus?
հիվանդանոց գնալու անհրաժեշտություն կ՞ա
hiwandanoz gnalu anhrashescht'utjun k'a?
Krankenhaus gehen2 Notwendigkeit gibt(-es)?

Wie muß ich die Medikamente gebrauchen?
ինչպե՞ս պետք է օգտագործեմ դեղերը
intschp'eß p'et'k e ogt'agorz'em dexerë?
wie? nötig ist gebrauche(-ich) Medikamente-die

Wo ist bitte die nächste Apotheke?
ներեցեք, ամենամոտիկ դեղատունը որտե՞ղ է
nerezek, amenamot'ik' dexat'unë wort'ex e?
verzeihen(-Sie), nächste Apotheke-die wo? ist

	... դեղ ունե՞ք / ինձ հարկավոր է ... դեղ
Ich brauche etwas gegen (...)	**(...) dex unek? / inds hark'awor e (...) dex.**
	(...2) Medikament haben(-Sie)? / mir notwendig ist (...2)

Erkältung	**mrßaz'utjan***
Grippe	**grip'i**
Kopfschmerzen	**glchazawi**
Schmerzen	**zawi**
Migräne	**migreni**
Magenschmerzen	**ßt'amokßazawi**
Halsschmerzen	**k'ok'ordazawi**
Husten	**hasi**

	... ունե՞ք
Ich brauche (...)	**(...) unek?**
	(...) haben(-Sie)?

Abführmittel	**luz'oxak'an**
Antibiotikum	**hak'abiot'ik'**
Beruhigungsmittel	**hangßt'aznox dexamidschoz**
Jod	**jod**
Medikamente	**dexer / dexamidschozner / dexorajk**
Pflaster	**ßp'exaniner**
Präservative	**k'ondom / p'reserwat'iw**
Salbe	**kßuk**
Schlaftabletten	**knaberner**
Watte	**bambak'**
Zäpfchen	**momik'ner / ßup'osit'oriumner**

Augenarzt	**ak'nabujsh**
Facharzt	**maßnaget'**
Frauenarzt	**k'anazi bshischk'**
Kinderarzt	**mank'abujsh**
Zahnarzt	**at'amnabujsh**
allergisch gegen (...)	**alergia (...) handep'**
krank	**hiwand**
ausruhen	**hangßt'anal**
Lebensmittel-vergiftung	**ßënëndajin tunaworum**
Diagnose	**diagnos**
Menstruation	**dascht'an**
Diät	**diet'a**
nach dem Essen	**ut'eluz het'o**
einnehmen	**ëndunel**
Nebenwirkungen	**k'oxmnak'i rreak'zianer**
gefährlich	**wt'angawor**
sich erbrechen	**pßchel / het' t'al**
Gesundheit	**arroxdschutjun**
untersuchen	**knnel**
Infektion	**infek'zia**
vor dem Essen	**ut'eluz arradsch**
gebrochen	**k'ot'rwaz'**
gefallen	**ënk'el**
geschwollen	**urraz'**
verletzt	**wiraworwaz'**
verstaucht	**gerdsaz'/ dsgawnaßaz'**

Beim Zahnarzt

ատամս ցավում է
at'amß zawum e.
Zahn-mein Schmerzen-beim ist
Ich habe Zahnschmerzen.

betäuben	**ansgajaznel**
Füllung	**p'lomb**
plombieren	**p'lombel**
Prothese	**p'rot'es**
Zahnfleisch	**lind**
Zahnloch	**z'ak' at'am**
ziehen	**herraznel**

Körperteile

Arm	**tew**
Auge	**atschk**
Bauch	**por**
Bein	**wot'k**
Brust	**k'urz'k**
Darm	**axik**
Eierstock	**dswaran**
Eileiter	**argandapox**
Finger	**mat'**
Fuß	**wot'k / tat**
Gebärmutter	**argand**
Geschlechtsorgane	**ßerrak'an organner**
Hand	**dserrk**
Harnblase	**misap'ark'**

Herz	**ßirt'**
Kehle	**k'ok'ord**
Leber	**liard**
Lunge	**tok**
Magen	**ßt'amokß**
Mund	**beran**
Muskel	**mk'an**
Nase	**kit**
Niere	**jerik'am**
Ohr	**ak'andsch**
Rücken	**medschk**

Schimpfen und Fluchen

Armenier sind sehr erfinderisch und ausdrucksvoll was Schimpfen und Fluchen anbelangt und können in gewissen ärgerlichen Situationen eine sehr wirkungsvolle Sprache verwenden. Es wird einem jedoch sehr schwer angerechnet, wenn man selbst derartige Wörter verwendet und in Schimpfkanonaden ausbricht. Man sollte diese Schimpfwörter wirklich nicht verwenden, da sie in allen Situationen in hohem Maße beleidigend sein können!

anaßun	Drecksau
ap'usch	Trottel
awanak'	Esel
bos	Hure
bosiwaßt'ak'	Hurensohn
bosaraz	Hurenbock
chelarr	Verrückter / Bekloppter
chos	Schwein
chushan	Lump, Saukerl
gomik'	Homo
himar	Narr
himari gluch	„dumm geboren und nichts dazugelernt"
k'ap'ik'	Affe
kawtarr / whuk'	alte Hexe
rramik'	Gesindel
schan wordi	Arschloch
tschatlach	Schlampe

Armenier sind sehr erfinderisch und ausdrucksvoll was Schimpfen und Fluchen anbelangt, und können in gewissen ärgerlichen Situationen eine sehr wirkungsvolle Sprache verwenden. Es wird einem jedoch sehr schwer angerechnet, wenn man selbst derartige Wörter verwendet und in Schimpfkanonaden ausbricht. Man sollte diese Schimpfwörter wirklich nicht verwenden, da sie in allen Situationen in hohem Maße beleidigend sein können!

aniz'waz'	verflucht(e, er, es) (...)
zent'r	(affen)geil
tujnik'	toll / affengeil

zent'r txa eß, ap'e!
geiler Typ bist, Bruder!
Du bist ein geiler Typ, Alter!

eß intsch tujnik' awto a, ara!*
das was giftiges Auto ist, Mann!
Ist das aber eine geile Karre, Mann!

In der Umgangssprache sagt man statt „ajß": „eß" *und Tätigkeitswörter ändern sich oft im Klang: statt* **„e"**, *zum Beispiel, sagt man* **„a"**.

ßuß k'az!	Halt's Maul!
p'aho! / p'ah!	Oje!
gluchë karë! / tox k'ortschi!	Er kann sich zum Teufel scheren!
gna groxi z'ozë!	Scher' dich zum Teufel! Zieh Leine!
grox!	Verdammt! Scheiße!
groxë kes t'ani!	Zum Teufel mit dir!
gshwel eß?	Du spinnst wohl!
hagißt' tox (inds)!	Laß mich in Ruhe!
(gna) k'orir!	Verschwinde!
ßat'anan t'ani!	Verdammt noch mal!

Wenn man noch immer nicht hören will:

ßikt'ir!	Verpiß dich! / Leck mich am Arsch!

Nichts verstanden? – Weiterlernen!

Verstehen Sie?	**haßk'anum ek?** *Verstehen-beim? sind(-Sie)*
Ja, ich verstehe (Sie) / habe (Sie) verstanden.	**ajo, haßk'anum em (dses).** *ja, Verstehen-beim bin (Sie)*
Nein, ich verstehe (Sie) nicht / habe (Sie) nicht verstanden.	**wotsch, tschem haßk'anum (dses).** *nein, nicht-bin Verstehen-beim (Sie)*
Sprechen Sie bitte etwas langsamer.	**chëntrrum em dandax choßezek.** *Bitten-beim bin langsam sprechen(-Sie)*
Jetzt habe ich verstanden.	**hima haßk'aza.** *jetzt verstanden-habe*
Wie bitte?	**intschp'eß?** *wie?*
Wie sagt man ... auf armenisch?	**hajeren (...) -in intsch en aßum?** *Armenisch ...-zu was? sind(-sie) Sagen-beim*
Sprechen Sie Deutsch?	**duk germaneren choßum ek?** *Sie Deutsch Sprechen-beim? sind(-Sie)*
Was bedeutet das?	**ßa intsch e nëschanak'um?** *das was? ist Bedeuten-beim*

Literaturhinweise

Land und Leute

Tessa Hofmann:
**Die Armenier.
Schicksal, Kultur, Geschichte.**
DA Verlag Das Andere GmbH,
Nürnberg, 1993
ISBN 3-922619-25-8
(enthält eine lange Literaturliste)

Tessa Hofmann (Hg.):
**Armenier und Armenien –
Heimat und Exil.**
Rowohlt Taschenbuch Verlag GmbH,
Reinbek bei Hamburg, 1994.
ISBN 3-499-19554-2

Erich Reinhart,
Jasmine Dum-Tragut (Hg.):
**„... aber unvergänglich sind wir
wie unsere Berge" – Armenien.**
Graz, Wien, 1997. Im Eigenverlag
der Pfarre der Graz-Kalvarienberg.
Kalvarienbergstraße 155, A-8020 Graz.

Adriano Alpago Novello (u. a.):
**Die Armenier. Brücke zwischen
Abendland und Orient.**
Stuttgart, Zürich: Belser, 1986

Sprache und Lehrbücher

Margret Eggenstein-Harutunian:
Lehrbuch der armenischen Sprache.
Helmut Buske Verlag, Hamburg, 1993.
ISBN 3-87548-044-9
(das beste Lehrbuch für die
armenische Sprache auf dem
deutschsprachigen Markt)

Grazer Linguistische Monographie 13.
**Die armenische Sprache
in der europäischen Diaspora.**
Herausgegeben von
Jasmine Dum-Tragut. Graz, 1997.
ISBN 3-901600-12-4

Wörterbücher

Diana Aroutunian and
Susanna Aroutunian:
**Armenian-English /
English-Armenian.**
Hippocrene Concise Dictionary.
Hippocrene Books, New York, 1993.
ISBN 0-7818-0150-8
(kurz und konkret, etwa 9.000 Wörter)

**Armenian (Eastern) -
English Dictionary,**
compiled by Louisa Baghdasarian
and R. David Zorc.
Dunwoody Press, Kensington,
Maryland, USA, 1995.
ISBN 1-881265-07-2

Dieses Vokabular ist kein vollständiges Wörterbuch, sondern ein Grundwortschatz mit den 1.000 wichtigsten und häufigsten armenischen Wörtern. Wenn Sie diese alle oder zum größten Teil können, wird Sie keiner mehr für einen Anfänger halten.

A

Abend jerek'o
Abendessen ëntrik
aber bajz
abfliegen mek'nel, trrtschel
abreisen mek'nel
Adresse haßze
Alkohol alk'ohol
allein menak'
alles amen intsch
als (zeitl.) jerp'
als (Vergleich) kan
alt (nicht jung) z'er
alt (nicht neu) hin
Alte(r) haßak'awor mard / h. k'in
Alter (Lebens-) t'arik
Andenken hischat'ak'
anfangen ßk'ßel
Angestellte(r) z'arrajox, aschchat'ox
Angst wach
anhalten k'angnel, k'ang arrnel
ankommen shamanel
Ankunft shamanum
Antwort p'at'aßchan
antworten p'at'aßchanel
Apotheke dexat'un
arbeiten aschchat'el
Arbeiter(in) aschchat'ox / aschchat'oxuhi
arm axkat'
Armenien Hajaßt'an
Armenier(in) haj, hajuhi
armenisch hajk'ak'an
armenisch (Sprache) hajeren
Arzt bshischk'
auch nujnp'eß, najew
auf wra
Aufenthalt ajz, mnalë
aufhören dadarel
aufstehen wer k'enal
aufwachen artnanal
aus -iz
Ausfuhr art'ahanum
Ausgang jelk
ausgezeichnet hojak'ap', gerasanz
Auskunft t'exek'utjun
Ausland art'aßahman
Ausländer art'aßahmanzi
ausländisch art'aßahmanjan
Aussprache art'aßanutjun
aussteigen idschnel
Ausstellung zuzahandeß
Ausweis inknutjan hawaßt'agir
ausziehen (Kleidung) hanwel
Auto awt'o, mekena
Autowerkstatt garash

B

Badeanzug loxasgeßt'
Badehose loxawart'ik
baden loxal
Badezimmer loxaßenjak', baxnik
Bahnhof jerk'atuxajin k'ajaran
bald schut'ow
Bank (Geld) bank'
Bargeld k'anchik' pox
Batterie mart'k'oz, element'
bauen k'arruzel, schinel
Bauer fermer
Baum z'arr
beeilen, sich scht'ap'el
beenden awart'el
begleiten uxek'zel
begrüßen woxdschunel
behandeln (Krankh.) bushel
Behörde z'arrajutjun
bei mot'
Beispiel orinak'
bekanntmachen, sich nerk'ajanal
beleidigen wiraworel
benachrichtigen t'exek'aznel
Benzin bensin
Berg ßar
Beruf maßnagit'utjun
berühmt hajt'ni
beschweren, sich boxokel
besichtigen ajzelel
Besitzer ßepak'anat'er
besser aweli law
bestellen p'at'wirel
Bestellung p'atwer
bestrafen p'at'shel
Besuch ajzelutjun
besuchen ajzelel
betrügen chapel
betrunken harpaz'
Bett mahtsch'ak'al
Bettzeug ank'oxin
bevor nachkan, mintschew
Beweis ap'azujz
bezahlen wtsch'arel
Bier garedschur
Bild lußank'ar
billig eshan
Binde bint'
bis mintschew
bißchen mi kitsch
Bitte chëntrank
bitten chëntrel
Blatt tert
bleiben mnal
Bleistift mat'it'
Blockade blok'ada
Blume z'axik'
Boot naw
Botschaft (dipl.) deßp'anat'un
Brand k'rak'
Brauch ßoworutjun
brauchen hark'awor linel, p'et'k linel
breit lajn
brennen ajrwel, warrwel
Brief namak'
Briefmarke namak'anisch
Briefumschlag z'rar
Brille ak'noz
bringen (hin-) t'anel
bringen (her-) berel
Brot haz
Brücke k'amurdsch
Bruder jexp'ajr
Brust (weibl.) k'urzk
Brust(korb) k'rzkawandak'
Buch girk
buchen p'at'wirel, werap'ahel
Buchstabe t'arr
bunt gunawor
Burg amroz
Bürger (Staats-) kaxakazi
Büro graßenjak'
Bus awt'obuß

C

Chauffeur warord
Chef (Rest.) awak choharar

D

da kani wor
Dach k't'ur
damit dranow
danach het'o
danke schnorhak'alutjun

danken schnorhak'alutjun hajt'nel
dann het'o, ap'a
darum dra hamar
daß wor
Datum twak'an, amßatiw
dauern t'ewel
Decke (Bett) wermak'
dein/e ko
denken mt'az'el
Denkmal huschardsan
deshalb dra hamar, ajd p'atsch'arrow
Deutsch (Sprache) germaneren
deutsch germanak'an
Deutsche(r) germanuhi (germanazi)
Deutschland Germania
Dialekt barbarr
dick haßt'
Diebstahl goxutjun
diese(r, s) ajß, ßa
Ding ir, ban, arrark'a
Diskothek dißk'ot'ek'a
Dokument(e) paßt'atuxt (paßt'atxter)
Dolmetscher targmanitsch
Dorf gjux
dort ajnt'ex
dorthin ajnt'ex
dringend scht'ap'
du du
dumm but, himar
dunkel mut
dunkel (Farbe) mug
dünn barak'
durch (hindurch) midschow
Durchfall porluz'utjun
dürfen k'arenal, tujlt'wutjun unenal
Durst (haben) z'araw (linel)

E

echt ißk'ak'an
Ehefrau k'in
Ehemann amußin
Ehepaar amußinner
Ei dsu
Eigentum ßepak'anutjun
einander mimjanz
Einbruch k'ot'rankow goxutjun
einfach haßarak', wotsch bard
Einfuhr nermuz'um
Eingang mut'k
einige mi kani
einladen hrawirel
Einladung hrawer
einmal mi angam
einsteigen nëßt'el, bardsranal
eintreten nerß mt'nel
einverstanden schat' bari, jexaw
einverstanden (sein) hamadsajn linel
Einwohner bnak'itsch
Eis (Speise-) p'axp'axak'
Eisenbahn jerk'atuxi
Eiter tarach
Eltern z'noxner
empfängen ßt'anal
empfehlen chorhurd t'al
Ende werdsch
eng nex
England Anglia
Englisch (Sprache) angleren
Enkel(in) torrnik'
entscheiden woroschel
entschuldigen, sich neroxutjun chëntrel
er na
Erdbeben jerk'rascharsh
Erde jerk'ir, jerk'ragund
Ereignis dep'k
Erfolg hadschoxutjun
erhalten ßt'nanal, dserrk berel
erholen, sich hangßt'anal
erinnern, sich hischel
erkältet sein mrßaz' linel
erklären bazat'rel
erlauben tujl t'al
Erlaubnis tujlt'wutjun
Ermäßigung sextschum
erzählen p'at'mel
essen ut'el
Etage hark'
etwa mot'aworap'eß
etwas mi kitsch
euer/e dser

F

Fabrik gorz'aran
Faden tel
fahren kschel, warel
Fahrkarte t'omß
Fahrpreis t'omßi arshek
Fahrrad hez'aniw
Fahrzeug pochadramidschoz
falsch ßchal
Familie ënt'anik
Familienname asganun
Farbe gujn
Farbfilm gunawor pljonk'a
faul (träge) z'ujl
faul (Obst) pt'az', ptschazaz'
Fehler ßchal
Feier t'onak'at'arum
feiern t'onel
feilschen ßak'ark'el (gni maßin)
Feld dascht'
Fenster p'at'uhan
Ferien ardsak'urdner
fern herru
Fernsehgerät herrußt'azujz
fertig p'atraßt'
fest p'ind
Fest t'on
feucht chonaw
Feuer k'rak'
Fieber dschermutjun
Film film
finden gt'nel
Finger mat'
Fisch dsuk'
Flasche schisch
Fleisch miß
fleißig aschchat'aßer
fliegen trrtschel
flirten flirt'ow sbaxwel
Flughafen odanawak'ajan
Flugticket inknatirri t'omß
Flugzeug inknatirr, odanaw
Fluß get'
Folklore folk'lor
Formular blank', ank'et'a
Fotoapparat (lußank'artschak'an) ap'arat'
Fotografie lußank'ar
fotografieren nk'arel
Frage harz
fragen harznel
Frau k'in
Fräulein oriord
frei asat'
fremd ot'ar
freuen, sich urachanal
Freund(in) ënk'er(uhi)
freundlich bari, ënk'erak'an
Freundschaft ënk'erutjun
Frieden chaxaxutjun
frieren ßarrtschel
frisch (Obst) tarm
fröhlich urach, swart
Frucht mirk, p'ët'ux
früh wax
Frühling garun
Frühstück nachatsch'asch
frühstücken nachatsch'aschel
fühlen, sich (iren) sgal
Führung xek'awarutjun
für -i hamar
fürchten, sich (vor) wachenal (-iz)
Fuß wot'k

G

Gabel p'atarrakax
ganz liowin, amboxdschowin
Garten p'art'es
Gas gas
Gasse nex poxoz, nrbanzk
Gast hjur
Gastfreundschaft hjuraßirutjun
Gastgeber hjurënk'al
Gaststätte p'andok'
Gebäck chmorexen
Gebäude schenk
geben t'al
Gebirge lerrnaschëxta
Gebühr z'achk, arshek
Geburtstag z'ënëndjan or
gefährlich wt'angawor
gefallen dur gal
Gefängnis bant'
Gefäß aman
Gefühl sgazmunk
gegen (wider) hak'arrak, dem

gegen dep'i
Gegend schërdschan
gegenüber dimaz
gehen gnal, kajlel
Geld pox
Gemüse bandscharexen
gemütlich hatscheli
genau tsch'ischt'
genug bawak'an
Georgien Wraßt'an
Georgier wrazi
Georgisch (Sprache) wrazeren
georgisch wrazak'an
Gepäck uxeberr
geradeaus uxix
gern urachutjamb
Geschäft (Tätigkeit) gorz'
Geschäft (Laden) chanut
Geschenk nwer
Geschichte p'at'mutjun
Gesellschaft haßarak'utjun
Gesetz orenk
Gespräch srujz
gestern jerek'
gesund arroxdsch
Gesundheit arroxdschutjun
Getränk chmelik
Gewicht kasch
Gewitter amp'rop'
gewöhnen, sich (an) ënt'elanal
Gewürz hamemunk
Gift tujn
Glas (Trink-) bashak'
Glas (Material) ap'ak'i
glauben hawat'al
Glück bacht', hadschoxutjun
glücklich jerdschanik'
Gold woßk'i
Gott aßt'waz'
Gramm gram
Grammatik kerak'anutjun
Gras chot'
gratulieren schnorhaworel
Grenze ßahman
Grippe grip
groß mez'
Größe (Kleidung u. ä.) tschap'ß
Großmutter t'at'
Großvater p'ap'
Gruppe chumb
grüßen barewel
gültig ushi medsch
gut law

H

haben unenal
Hafen nawahangißt'
Hälfte k'eß
halten k'angnel, p'ahel
Haltestelle k'angarr
Handel arrewt'ur
hart p'ind
Haus t'un
Hausfrau t'ënt'eßuhi
heben bardsraznel
Heftpflaster ßp'exani
heiß t'ak
helfen ognel
hell baz
Herbst aschun
Herr p'aron
herzlich dscherm, ßrt'agin
heute ajßor
hier ajßt'ex
Hilfe ognutjun
hinten jet'ew
hinter jet'ewë, jet'ewum
hoch bardsr
Hochzeit harßanik
hoffen hußal
höflich barek'irt
Holz pajt'
hören lßel
Hotel hjuranoz
hungrig (sein) ßowaz' (linel)
Hygiene higiena

I

ich jeß
ihr/e (Mz.) dser
ihr/e (Ez.) ir
Ihr/e dser
immer mischt'
impfen wak'zinajow pat'waßt'el
in (zeitlich) -in, -um
in (örtlich) -um
Industrie ardjunaberutjun
Information t'exek'utjun
informieren, sich t'exek'anal
Insekt midschat'

Insel k'ëxsi
interessant het'akrkir
interessieren, sich (für) het'akrkrwel (worjewe banow)
international midschasgajin

J

ja ajo, ha
Jahr t'ari
Jahreszeit ßeson
jährlich amen t'ari
jeder amen mi
jedesmal amen angam
jemand mek'ë, worjewe mek'ë
jener ajn
jetzt hima
Journalist lragrox
jung jerit'aßard
Junge t'xa

K

kalt ßarrë, zurt'
kaputt ptschazaz'
Karte kart'
Kasse dramark'x
Kathedrale t'atsch'ar
kaufen gnel, arrnel
kennen tsch'anatschel
Kind jerecha
Kino k'ino
Kirche jek'exezi
Kleidung hagußt'
klein pokr
klug chelazi
Kneipe bar, ginet'un
kochen jepel
Koffer tsch'amp'ruk'
kommen gal
kompliziert bard
Kondom k'ondom, p'reserwat'iw
können k'aroxanal
kontrolieren ßt'ugel
Konzert hamerg
kosten (probieren) hamë t'eßnel
kosten (Preis) arshenal
kostenlos dsri
krank hiwand
Krankenhaus hiwandanoz
Krankheit hiwandutjun
Krise tsch'ëgnasham
kühl p'ax, how
Kühlschrank ßarrnaran
Kunst arweßt'
kunstgewerbl. Waren arheßt'i ap'rankner
kurz k'artsch'
küssen hamburel

L

lächeln shp't'al
lachen (über etw.) z'iz'axel
Lage (geogr.) dirk, t'exadrutjun
Laken ßawan
Lampe lamp'
Land jerk'ir
Landkarte kart'es
Landschaft landschaft', bnat'eßaran
Landwirtschaft gjuxat'ënt'eßutjun
lang (Entfernung) jerk'ar
lang(e) (Zeit) jerk'ar shamanak'
langsam dandax
langweilig dsandsrali
laufen, rennen wasel
laut bardsr
leben ap'rel
Leben k'jank
Lebensmittel ßënëndanmterk
ledig amuri
leer dadark'
legen dnel
Lehrer(in) ußuzitsch (ußuztschuhi)
leicht (nicht schwer) tetew
leihen, sich (von) p'art'k werznel (mek'iz)
lernen ßoworel
lesen k'ardal
Leute mardik
Licht lujß
lieben ßirel
Lied jerg
liegen p'arrk'el, p'arrk'az' linel
links dsach
Loch z'ak'
Löffel gdal
Lohn, Gehalt rrotsch'ik'
lügen ßut' aßel
lustig swartsch'ali

M

machen anel, k'at'arel
Mädchen axdschik'
männlich arak'an
malen nk'arel
Maler nk'aritsch
man mard'
manchmal jerbemn
Mann mard
Markt schuk'a
Medikament dex
Meer z'ow
mehr aweli schat'
mein/e im
Menge, Quantität kanak'
Mensch mard
merken, sich hischel
Messer danak'
mieten wardsel
Minute rop'e
mit -ow
Mittagessen tsch'asch
Mittag k'eßor
Mode moda
möglich hnarawor
Monat amiß
morgen waxë
Morgen arrawot'
Motorboot mot'oranawak'
Motorrad mot'ozik'let'
müde hognaz'
Müll axb
Museum tangaran
Musik jerashëscht'utjun
müssen p'et'k / hark'awor linel
Mutter majr

N

nach (Richtung) dep'i
nach (Zeit) het'o
Nachmittag k'eßoriz het'o
Nachname asganun
Nachricht lur
nächstes Mal mjuß angam
Nacht gischer
nackt merk'
Nadel aßex
nah mot'ik'
Name anun
naß taz
Nationalität asgutjun
Natur bnutjun
natürlich (nicht künstl.) bnak'an
neben k'oxkin, mot'
nehmen werznel, arrnel
nein wotsch, tsche
neu nor
neugierig het'akrkraßer
nicht tsch- , wotsch
nichts wotschintsch
niedrig zaz'r
niemals jerbek
niemand wotsch wok
nirgendwo/-hin wotsch mi t'ex
noch einmal mek' angam jewß
noch derr
Norden hjußiß
normal normal
notwendig anhrashescht'
Nummer hamar
nur miajn

O

ob te
oben werew
Obst mirk
oder k'am
öffnen bazel
oft hatsch'ach
ohne arranz
Öl jux
Onkel kerri, horjexbajr
Organ organ
organisieren k'asmak'erp'el
Ort wajr
Osten arewelk
Österreich Awßt'ria
Österreicher Awßt'riazi

P

paar mi kani
Paar sujg
Päckchen k'ap'oz
Palast p'alat'
Panne wnaßwaz'k, wtarank
Papier tuxt
Park ajgi
parken k'ajanel
Paß andsnagir
Patient p'azient'
Pause ëndmidschum
Person ands
Pflanze bujß
Plan p'lan
Platz t'ex, hrap'arak'
Platzkarte t'omß
plötzlich hank'arz'

Politik kaxakak'anutjun
politisch kaxakak'an
Polizei woßt'ik'anutjun
Post(amt) p'oßt'(at'un)
Postkarte bazik'
Preis gin
privat maßnawor
Problem p'roblem
Programm z'ragir
Prospekt broschjur
pünktlich tschëscht'ap'ah

Q

Qualität worak'

R

Radiogerät rradio
Rat chorhurd
rauchen z'ëchel
Raum ßenjak'
rechnen haschwel
Rechnung haschiw
Recht irawunk
rechts adsch
reden choßel
Regen andsrew
Regenschirm howanoz
registrieren granzel
reich harußt'
reif haßaz'
Reise uxeworutjun
Resiebüro t'urißt'ak'an bjuro
reisen uxeworutjun k'at'arel
reparieren norogel
Republik hanrap'et'utjun
reservieren reserwel, nachorok p'at'wirel
Restaurant rreßt'oran
richtig tsch'ischt'
Richtung uxxutjun
roh hum
Rückfahrt weradards
Rucksack rrjuk'sak'
rufen, schreien k'antschel, gorral
Ruhe hangißt'

S

Sache gorz', harz
sagen aßel
Salbe kßuk
Salz ax
sammeln hawakel
Sand awas
satt k'uscht'
Satz (Grammatik) nachadaßutjun
sauber makur
sauber machen makrel
sauer tëtu
Schallplatte dsajnap'nak'
scharf ßur, k'ëz'u
Scheck tschek
Schere mëk'rat'
schicken, senden uxark'el
schießen k'rak'el
Schiff naw
schlafen k'nel
Schlafsack nëndschap'ark'
Schlafzimmer nëndschaßenjak'
schlagen chpel
schlecht wat'
Schlüssel banali
schmackhaft hamex
Schmerz zaw
schmerzen zawal
Schmuck sardexen
schmutzig k'ext'ot'
Schnaps oxi
schnell arag
schon arden
schön gexezik'
schreiben grel
Schuh k'oschik'
schuldig mexawor
Schule dproz
Schüler(in) aschak'ert' (aschak'ertuhi)
schwanger hxi
Schweiz Schwejzaria
Schweizer(in) Schwejzarazi (Schwejzaruhi)
schwer (nicht leicht) z'anr
Schwester kujr
schwierig (nicht einfach) dschwar
schwimmen loxal
schwitzen krt'nel
See litsch'
sehen t'eßnel
Sehenswürdigkeiten t'eßarshan wajrer
Seide met'akß

Seife otsch'arr
sein linel
sein/e ir
seit -iz (i wer)
Seite (Richtung) k'oxm
Sekunde wajrk'jan
selbst ßepak'an andsë
selten haswadep'
setzen, sich nëßt'el
sicher wßt'ah
sie (Ez.) na
sie (Mz.) nrank
Sie duk
silber arz'at
singen jergel
sitzen, passen (Kleidung) law nëßt'el
sitzen nëßt'az' linel
so ajßp'eß
sofort ißk'ujn
Sohn wordi, t'ëxa
solch(e, er, es) ajßp'ißi, ajnp'ißi
sollen hark'awor linel
Sommer amarr
Sonne arew
sparen chnajel
spät usch
spazierengehen sboßnel
Speise k'erak'ur
Speisekarte menju
spielen chaxal
Spielzeug chaxalik
Sport ßp'ort'
Sprache lesu
sprechen choßel
Spritze schp'riz
Staatsangehörigkeit kaxakaziutjun
Stadt kaxak
stark ushex
stehen k'angnel
Stein kar
Stelle, Ort t'ex
stellen dnel
sterben merrnel
Stil (Architekt.) wotsch'
Stimme dsajn
Stoff k't'or
stören changarel
Strafe p'at'ish
Strand z'owap
Straße poxoz
Straßenbahn t'ramwaj
Streichhölzer luzk'iner
streiten witsch'el
Stück k't'or, maß
Student ußanox
Stunde sham
suchen pënt'rel
Süden haraw
Summe gumar
Suppe ßup'
süß kaxzr

T

Tabak z'ëchachot'
Tablette (dexa)hab
Tag or
täglich orak'an
Tal dsor
Tankstelle bensini lzak'ajan
Tante horakujr, morakujr
tanzen p'arel
Tasche p'ajußak'
Taxi t'akßi
Telefon herrachoß
telefonieren sangel
Telegramm herragir
teuer tang
Theater tat'ron
tief chor
Tier kendani
Tochter axdschik', dußt'r
Tod mah
Toilette sugaran
Toilettenpapier sugarani tuxt
tot merraz'
töten ßp'anel
Tradition awandujt
tragen k'rel, t'anel
traurig t'chur
treffen (begegnen) handip'el
Treppe aßt'itsch'an
trinken chmel
Trinkgeld tejapox
trocken tschor
tschüß zë, arrajshm
tun anel
Tür durr
Turm ascht'arak'

U

U-Bahn met'ro
üben warshwel
über (zeitl.) -iz
über (örtl.) midschow, wrajow
überall amenurek

übermorgen waxë tsche mjuß orë
übersetzen (Sprache) targmanel
Übersetzer targmanitsch
Überweisung pochadrel
übrig mnazaz'
Uhr sham
um -in
um zu... wor
Umgebung midschawajr
umtauschen pochanak'el
unabhängig ank'ach
Unabhängigkeit ank'achutjun
Umwelt midschawajr
unbekannt anz'anot
und jew
Unfall wtar
Universität hamalßaran
unschuldig anmex
unser/e mer
unten nerkew
unter t'ak'
Unterhaltung srujz, hjuraßirutjun
Unterkunft bnak'aran, harmarutjun
unterrichten (lehren) daßawandel
unterschreiben ßt'oragrel
Urlaub ardsak'urd

V

Valuta, Devisen t'aradram
Vater hajr
verabreden (sich) p'ajmanaworwel
Verabredung shamadrutjun
verabschieden (sich) hrashescht' t'al
verboten (sein) argelwaz' linel
Verbrechen hanzank
verdienen waßt'ak'el
vergessen morranal
vergnügen, sich swartschanal
verirren, sich molorwel
verkaufen watsch'arrel
verletzt wiraworwaz'
Verletzung wnaßwaz'k
verlieben, sich ßiraharwel
verlieren (Dinge) k'orznel
vermieten wardsow t'al
Vermittlung herrachoßak'ajan
Versicherung ap'ahowagrutjun
verspäten, sich uschanal
versprechen, sich ßchalmamb aßel
verstehen haßk'anal
versuchen pordsel
viel schat'
vielleicht guze
Vogel trrtschun
Volk shoxowurd, asg
voll likë
von (Ort) -iz
vor nachkan, mintschew
vorbereiten nachap'at'raßt'el
vorgestern jerek' tsche arradschin orë
vorher nachorok
Vormittag arrawot'
Vornahme anun
vorne arrdschewum
vorschlagen arradschark'el
vorstellen (Imagination) p'atk'eraznel
vorstellen, sich nerk'ajanal, z'anotanal
Vorwahlnummer k'od

W

Wagen mekena
wahr tsch'ischt'
während ëntazkum
Wald ant'arr
Wand p'at'
wandern schërdschel
wann jerb
Ware ap'rank'
warm t'ak
warten ßp'aßel
warum intschu
was intsch
waschen lwanal
waschen, sich lwazwel, loxanal
Wasser dschur
Watte bambak'
wechseln pochel
wecken artnaznel
Weg tsch'anap'arh
wegen p'at'tsch'arrow, schnorhiw
weiblich igak'an
weil worow het'ew
weinen laz linel
weit herru
welcher wor(ë)
wenig kitsch
wenn (als) jete
wenn (falls) jerb
wer ow
werden darrnal
wessen um
Westen arewmut'k
Wetter jexanak'
wichtig k'arewor
wie intschp'eß
wieder noriz
wiederholen k'rk'nel
wieviel intschkan
Wind kami
Winter dsmerr
wir menk
Wirtschaft t'ënt'eßutjun
wirtschaftlich t'ënt'eßak'an
wissen imanal, git'enal
wo wort'ex
Woche schabat
woher wort'exiz
wohin wort'ex
wohnen bnak'wel
Wohnung bnak'aran
wollen usenal
Wort barr
Wörterbuch barraran
Wunde werk
wünschen zank'anal

Z

zahlen wtsch'arel
Zahnarzt at'amnabujsh
Zahnpasta at'amnakßuk
zeigen zujz t'al
Zeit shamanak'
Zeitung tert
Zelt wran
Zentrum k'ent'ron
Zigarette ßigaret'
Zimmer ßenjak'
Zoll makßat'un
zu Fuß wot'kow
zu (+ Adjektiv) schat', tschapasanz
zufrieden goh
Zug gnazk
zurück jet', het'
zusammen miaßin
zuviel schat' schat'
zwischen midschew

-

-i hamar für
-In in *(zeitlich)*, um
-iz aus, über *(zeitl.)*, von *(Ort)*
-iz (i wer) seit
-ow mit
-um in *(örtlich)*, in *(zeitl.)*

A

adsch rechts
ajd' p'atsch'arrow deshalb
ajgi Park
ajn jener
ajnp'ißi solch(e, er, es)
ajnt'ex dort, dorthin
ajo ja
ajrwel brennen
ajß diese(r, s)
ajßor heute
ajßp'eß so
ajßp'ißi solch(e, er, es)
ajßt'ex hier
ajz Aufenthalt
ajzelel besichtigen, besuchen
ajzelutjun Besuch
ak'noz Brille
alk'ohol Alkohol
aman Gefäß
amarr Sommer
amboxdschowin ganz
amen angam jedesmal
amen intsch alles
amen mi jeder
amen t'ari jährlich
amenurek überall
amiß Monat
amp'rop' Gewitter
amroz Burg
amßatiw Datum
amuri ledig
amußin Ehemann
amußinner Ehepaar
ands Person
andsnagir Paß
andsrew Regen
anel machen, tun
angleren Englisch *(Sprache)*
Anglia England
anhrasheścht' notwendig
ank'ach unabhängig
ank'achutjun Unabhängigkeit
ank'et'a Formular
ank'oxin Bettzeug
anmex unschuldig
antarr Wald
anun Name, Vorname
anz'anot unbekannt
ap'a dann
ap'ahowagrutjun Versicherung
ap'ak'i Glas *(Material)*
ap'azujz Beweis
ap'rank Ware
ap'rel leben
arag schnell
arak'an männlich
arden schon
ardsak'urd(ner) Urlaub, Ferien
ardunaberutjun Industrie
arew Sonne
arewelk Osten
arewmut'k Westen
argelwaz' linel verboten (sein)
arheßt'i ap'rankner kunstgewerbl. Waren
arradschark'el vorschlagen
arrajshm tschüß
arranz ohne
arrark'a Ding
arrawot' Morgen, Vormittag
arrdschewum vorne
arrewt'ur Handel
arrnel kaufen, nehmen
arroxdsch gesund
arroxdschutjun Gesundheit
arshek Gebühr
arshenal kosten *(Preis)*
art'ahanum Ausfuhr
art'aßahman Ausland
art'aßahmanjan ausländisch
art'aßahmanzi Ausländer
art'aßanutjun Aussprache
artnanal aufwachen
artnaznel wecken
arweßt' Kunst
arz'at silber
asat' frei
aschak'ert'(uhi) Schüler(in)
aschchat'aßer fleißig

aschchat'el arbeiten
aschchat'ox Angestellte(r), Arbeiter
aschchat'oxuhi Arbeiterin
ascht'arak' Turm
aschun Herbst
aßel sagen
aßex Nadel
asg Volk
asganun Familienname, Nachname
asgutjun Nationalität
aßt'itsch'an Treppe
aßt'waz' Gott
at'amnabujsh Zahnarzt
at'amnakßuk Zahnpaste
awak choharar Chef *(Rest.)*
awandujt Tradition
awart'el beenden
awas Sand
aweli law besser
aweli schat' mehr
Awßt'ria Österreich
Awßt'riazi Österreicher
awt'o Auto
awt'obuß Bus
ax Salz
axb Müll
axdschik' Mädchen, Tochter
axkat' arm

B

bacht' Glück
bajz aber
bambak' Watte
ban Ding
banali Schlüssel
bandscharexen Gemüse
bank' Bank *(Geld)*
bant' Gefängnis
bar Kneipe
barak' dünn
barbarr Dialekt
bard kompliziert
bardsr hoch, laut
bardsranal einsteigen
bardsraznel heben
barek'irt höflich
barewel grüßen
bari freundlich
barr Wort
barraran Wörterbuch
bashak' (Trink-)Glas
bawak'an genug
baxnik Badezimmer
baz hell
bazat'rel erklären
bazel öffnen
bazik' Postkarte
bensin Benzin
berel (her-)bringen
besini lzak'ajan Tankstelle
bint' Binde
blank' Fomular
blok'ada Blockade
bnak'an natürlich *(nicht künstl.)*
bnak'aran Unterkunft
bnak'aran Wohnung
bnak'itsch Einwohner
bnak'wel wohnen
bnat'eßaran Landschaft
bnutjun Natur
boxokel sich beschweren
broschjur Prospekt
bshischk' Arzt
bujß Pflanze
bushel behandeln *(Krankh.)*
but dumm

C

changarel stören
chanut Geschäft
chapel betrügen
chaxal spielen
chaxalik Spielzeug
chaxaxutjun Frieden
chelazi klug
chëntrank Bitte
chëntrel bitten
chmel trinken
chmelik Getränk
chmorexen Gebäck
chnajel sparen
chonaw feucht
chor tief
chorhurd Rat
chorhurd t'al empfehlen
choßel sprechen
chot' Gras
chpel schlagen
chumb Gruppe

D

dadarel aufhören
dadark' leer
danach het'o
danak' Messer
dandax langsam
darrnal werden
daßawandel unterrichten *(lehren)*
dascht' Feld
dem gegen *(wider)*
dep'i gegen, nach *(Richtung)*
dep'k Ereignis
derr noch
deßp'anat'un Botschaft *(dipl.)*
dex Medikament
dexahab Tablette
dexat'un Apotheke
dimaz gegenüber
dirk Lage *(geogr.)*
dißk'ot'ek'a Diskothek
dnel legen, stellen
dproz Schule
dra hamar darum, deshalb
dramark'x Kasse
dranow damit
dsach links
dsajn Stimme
dsajnap'nak' Schallplatte
dsandsrali langweilig
dscherm herzlich
dschermutjun Fieber
dschur Wasser
dschwar schwer
dser euer/e, Ihr/e, ihr/e *(Mz.)*
dserrk berel erhalten
dsmerr Winter
dsor Tal
dsri kostenlos
dsu Ei
dsuk' Fisch
du du
duk Sie
dur gal gefallen
durr Tür
dußt'r Tochter

E

element' Batterie
ëndmidschum Pause
ënk'er(uhi) Freund(in)
ënk'erak'an freundlich
ënk'erutjun Freundschaft
ënt'anik Familie
ënt'elanal sich gewöhnen (an)
ëntazkum während
ëntrik Abendessen
eshan billig

F

fermer Bauer
film Film
flirt'ow sbaxwel flirten
folk'lor Folklore

G

gal kommen
garash Autowerkstatt
garedschur Bier
garun Frühling
gas Gas
gdal Löffel
gerasanz ausgezeichnet
germanak'an deutsch
germaneren Deutsch *(Sprache)*
Germania Deutschland
germanuhi (germanazi) Deutsche(r)
get' Fluß
gexezik' schön
gin Preis
ginet'un Kneipe
girk Buch
gischer Nacht
git'enal wissen
gjux Dorf
gjuxat'ënt'eßutjun Landwirtschaft
gnal gehen
gnazk Zug
gnel kaufen
goh zufrieden
gorral rufen, schreien
gorz' Geschäft *(Tätigkeit)*, Ruhe
gorz'aran Fabrik
goxutjun Diebstahl
gram Gramm
granzel registrieren
graßenjak' Büro
grel schreiben
grip Grippe
gt'nel finden

gujn Farbe
gumar Summe
gunawor bunt
gunawor pljonk'a Farbfilm
guze vielleicht

H

ha ja
hadschoxutjun Erfolg, Glück
hagußt' Kleiding
haj Armenier
Hajaßt'an Armenien
hajeren armenisch *(Sprache)*
hajk'ak'an armenisch
hajr Vater
hajt'ni berühmt
hajuhi Armenierin
hak'arrak' gegen *(wider)*
hamadsajn linel einverstanden (sein)
hamalßaran Universität
hamar Nummer
hamburel küssen
hamë t'eßnel kosten *(probieren)*
hamemunk Gewürz
hamerg Konzert
hamex schmackhaft
handip'el treffen
hangißt' ruhig
hangßt'anal sich erholen
hank'arz' plötzlich
hanrap'et'utjun Republik
hanwel ausziehen *(Kleidung)*
haraw Süden
hark' Etage
hark'awor linel müssen, sollen, brauchen
harmarutjun Unterkunft
harpaz' betrunken
harßanik Hochzeit
harußt' reich
harz Frage, Sache
harznel fragen
haßak'awor k'in Alte
haßak'awor mard Alter
haßarak' einfach
haßarak'utjun Gesellschaft
haßaz' reif
haschiw Rechnung
haschwel rechnen
haßk'anal verstehen
haßt' dick
haswadep' selten
haßze Adresse
hatsch'ach oft
hatsch'eli gemütlich
hawakel sammeln
hawat'al glauben
haz Brot
herrachoß Telefon
herrachoßak'ajan Vermittlung
herragir Telegramm
herru fern, weit
herrußt'azujz Fernsehen
het' zurück
het'akrkir interessant
het'akrkraßer neugierig
het'akrkrwel (worjewe banow) sich interessieren (für)
het'o dann, nach *(Zeit)*
hez'aniw Fahrrad
higiena Hygiene
hima jetzt
himar dumm
hin alt *(nicht neu)*
hischat'ak' Andenken
hischel erinnern, (sich) merken
hiwand krank
hiwandanoz Krankenhaus
hiwandutjun Krankheit
hjur Gast
hjuranoz Hotel
hjuraßirutjun Gastfreundschaft, Unterhaltung
hjurënk'al Gastgeber
hjußiß Norden
hnarawor möglich
hognaz' müde
hojak'ap' ausgezeichnet
horakujr Tante *(Schwester des Vaters)*
horjexbajr Onkel
how kühl
howanoz Regenschirm
hrap'arak' Platz
hrashescht' t'al (sich) verabschieden
hrawer Einladung
hrawirel einladen
hum roh
hußal hoffen
huschardsan Denkmal
hxi schwanger

I

idschnel aussteigen
igak'an weiblich
iknatirri t'omß Flugticket
im mein/e
imanal wissen
inknatirr Flugzeug
inknutjan hawaßt'agir Ausweis
intsch was
intschkan wieviel
intschp'eß wie
intschu warum
ir Ding, ihr/e *(Ez.)*, sein/e
irawunk Recht
iren sgal sich fühlen
ißk'ak'an echt
ißk'ujn sofort

J

jek'exezi Kirche
jelk Ausgang
jepel kochen
jerashëscht'utjun Musik
jerb wann, wenn *(falls)*
jerbek niemals
jerbemn manchmal
jerdschanik' glücklich
jerecha Kind
jerek' gestern
jerek' tsche arradschin orë vorgestern
jerek'o Abend
jerg Lied
jergel singen
jerit'aßard jung
jerk'ar lang *(Entfernung)*
jerk'ar shamanak' lang(e) *(Zeit)*
jerk'atuxajin k'ajaran Bahnhof
jerk'atuxi Eisenbahn
jerk'ir Erde, Land
jerk'ragund Erde
jerk'rascharsh Erdbeben
jerp' als *(zeitl.)*
jeß ich
jet' zurück
jet'ew hinten
jet'ewë hinter
jet'ewum hinter
jete wenn *(als)*
jew und
jexanak' Wetter
jexaw einverstanden
jexp'ajr Bruder
jux Öl

K

k'ajanel parken
k'am oder
k'amurdsch Brücke
k'anchik' pox Bargeld
k'ang arrnel anhalten
k'angarr Haltestelle
k'angnel (an)halten, stehen
k'antschel rufen, schreien
k'ap'oz Päckchen
k'ardal lesen
k'arenal dürfen
k'arewor wichtig
k'aroxanal können
k'arruzel bauen
k'artsch' kurz
k'asmak'erp'el organisieren
k'at'arel machen
k'endani Tier
k'ent'ron Zentrum
k'erak'ur Speise
k'eß Hälfte
k'eßor Mittag
k'ëxsi Insel
k'ext'ot schmutzig
k'ëz'u scharf *(Speise)*
k'in Ehefrau, Frau
k'ino Kino
k'jank Leben
k'od Vorwahl
k'ondom Kondom
k'orznel verlieren *(Dinge)*
k'oschik' Schuh
k'ot'rankow goxutjun Einbruch
k'oxkin neben
k'oxm Seite
k'rak' Brand, Feuer
k'rak'el schießen
k'rel tragen
k'rk'nel wiederholen
k'rzkawandak' Brust(korb)
k't'or Stoff, Stück
k't'ur Dach
k'urzk Brust *(weibl.)*
k'uscht' satt
kajlel gehen

kami Wind
kan als *(Vergleich)*
kanak' Menge, Quantität
kani wor da
kar Stein
kart' Karte
kart'es Landkarte
kasch Gewicht
kaxak Stadt
kaxakak'an politisch
kaxakak'anutjun Politik
kaxakazi (Staats-)Bürger
kaxakaziutjun Staatsangehörigkeit
kaxzr süß
kerak'anutjun Grammatik
kerri Onkel
kitsch wenig
knel schlafen
ko dein/e
krt'nel schwitzen
kschel fahren
kßuk Salbe
kujr Schwester

L

lajn breit
lamp' Lampe
landschaft' Landschaft
law gut
law nëßt'el sitzen, passen *(Kleidung)*
laz linel weinen
lerrnaschëxta Gebirge
lesu Sprache
likë voll
linel sein
liowin ganz
litsch' See
loxal schwimmen, baden
loxanal sich waschen
loxaßenjak' Badezimmer
loxasgeßt' Badeanzug
loxawart'ik Badehose
lragrox Journalist
lßel hören
lujß Licht
lur Nachricht
lußank'ar Foto
lußank'ar Bild
lußank'artschak'an ap'arat' Fotoapparat
luzk'iner Streichhölzer
lwanal waschen
lwazwel sich waschen

M

mah Tod
mahtsch'ak'al Bett
majr Mutter
makrel sauber machen
makßat'un Zoll
makur sauber
mard man, Mann, Mensch
mardik Leute
mart'k'oz Batterie
maß Stück
maßnagit'utjun Beruf
maßnawor privat
mat' Finger
mat'it' Bleistift
mek' angam jewß noch einmal
mek'ë jemand
mek'nel abfliegen, abreisen
mëk'rat' Schere
mekena Auto, Wagen
menak' allein
menju Speisekarte
menk wir
mer unser/e
merk' nackt
merraz' tot
merrnel sterben
met'ak'ß Seide
met'ro U-Bahn
mexawor schuldig
mez' groß
mi angam einmal
mi kani einige, paar
mi kitsch etwas, bißchen
miajn nur
miaßin zusammen
midschasgajin international
midschat' Insekt
midschawajr Umgebung, Umwelt
midschew zwischen
midschow durch (hindurch), über *(örtl.)*
mimjanz einander
mintschew vor, bevor, bis
mirk Frucht, Obst
miß Fleisch
mischt' immer

mjuß angam nächstes Mal
mnal bleiben
mnalë Aufenthalt
mnazaz' übrig
moda Mode
molorwel sich verirren
morakujr Tante *(Schwester der Mutter)*
morranal vergessen
mot' bei, neben
mot'aworap'eß etwa
mot'ik' nah
mot'oranawak' Motorboot
mot'ozik'let' Motorrad
mrßaz' linel erkältet sein
mt'az'el denken
mug dunkel *(Farbe)*
mut dunkel
mut'k Eingang

N

na er, sie *(Ez.)*
nachadaßutjun Satz
nachap'at'raßt'el vorbereiten
nachatsch'asch Frühstück
nachatsch'aschel frühstücken
nachkan vor, bevor, vorher
nachorok p'at'wirel reservieren
najew auch
namak' Brief
namak'anisch Briefmarke
naw Schiff, Boot
nawahangißt' Hafen
nëndschap'ark' Schlafsack
nëndschaßenjak' Schlafzimmer
nerk'ajanal (sich) vorstellen, (sich) bekanntmachen
nerkew unten
nermuz'um Einfuhr
neroxutjun chëntrel sich entschuldigen
nerß mt'nel eintreten
nëßt'az' linel sitzen *(nicht stehen)*
nëßt'el einsteigen, sitzen
nex eng
nex poxoz Gasse
nk'arel fotografieren, malen
nk'aritsch Maler
nor neu
noriz wieder
normal normal
norogel reparieren
nrank sie *(Mz.)*
nrbanzk Gasse
nujnp'eß auch
nwer Geschenk

O

odanaw Flugzeug
odanawak'ajan Flughafen
ognel helfen
ognutjun Hilfe
or Tag
orak'an täglich
orenk Gesetz
organ Organ
orinak' Beispiel
oriord Fräulein
ot'ar fremd
otsch'arr Seife
ow wer
oxi Schnaps

P

p'ahel halten
p'ajmanaworwel (sich) verabreden
p'ajußak' Tasche
p'alat' Palast
p'andok' Gaststätte
p'ap' Großvater
p'arel tanzen
p'aron Herr
p'arrk'el liegen
p'art'es Garten
p'art'k werznel (mek'iz) sich leihen (von)
p'at' Wand
p'at'arrakax Gabel
p'at'aßchan Antwort
p'at'aßchanel antworten
p'at'ish Strafe

p'at'k'eraznel vorstellen *(Imagination)*
p'at'mel erzählen
p'at'mutjun Geschichte
p'at'raßt' fertig
p'at'shel bestrafen
p'at'uhan Fenster
p'at'wirel bestellen
p'at'wirel buchen
p'atsch'arrow wegen
p'atwer Bestellung
p'ax kühl
p'axp'axak' Eis (Speise-)
p'azient' Patient
p'et'k linel müssen, brauchen
p'ët'ux Frucht
p'ind fest, hart
p'lan Plan
p'oßt'(at'un) Post(amt)
p'reserwat'iw Kondom
p'roblem Problem
pajt' Holz
parrk'az' linel liegen
paßt'atuxt (paßt'atxter) Dokument
pënt'rel suchen
pochadramidschoz Fahrzeug
pochadrel Überweisung
pochanak'el umtauschen
pochel wechseln
pokr klein
pordsel versuchen
porluz'utjun Durchfall
pox Geld
poxoz Straße
pt'az' faul *(Obst)*
ptschazaz' faul *(Obst)*, kaputt

R

reserwel reservieren
rop'e Minute
rradio Radio
rreßt'oran Restaurant
rrjuk'sak' Rucksack
rrotsch'ik Lohn

S

sangel telefonieren
sardexen Schmuck
sboßnel spazierengehen
schabat Woche
schat' viel, zu (+ Adjektiv)
schat' bari einverstanden
schat' schat' zuviel
schenk Gebäude
schërdschan Gegend
schërdschel wandern
schinel bauen
schisch Flasche
schnorhak'alutjun danke
schnorhak'alutjun hajt'nel danken
schnorhaworel gratulieren
schnorhiw wegen
schp'riz Spritze
scht'ap' dringend
scht'ap'el sich beeilen
schuk'a Markt
schut'ow bald
Schwejzarazi Schweizer
Schwejzaria Schweiz
Schwejzaruhi Schweizerin
sexdschum Ermäßigung
sgazmunk Gefühl
sham Stunde, Uhr
shamadrutjun verabredung
shamanak' Zeit
shamanel ankommen
shamanum Ankunft
shoxowurd Volk
shp't'al lächeln
srujz Gespräch, Unterhaltung
sugaran Toilette
sugarani tuxt Toilettenpapier
sujg Paar
swart fröhlich
swartsch'ali lustig
swartsch'anal sich vergnügen

ß

ßa diese(r, s)
ßahman Grenze
ßak'ark'el (gni maßin) feilschen
ßar Berg
ßarrë kalt
ßarrnaran Kühlschrank
ßarrtschel frieren
ßawan Laken
ßchal falsch, Fehler
ßchalmamb aßel sich versprechen
ßënëndamt'erk Lebensmittel

ßenjak' Raum, Zimmer
ßepak'an andsë selbst
ßepak'anat'er Besitzer
ßepak'anutjun Eigentum
ßeson Jahreszeit
ßigaret' Zigarette
ßiraharwel sich verlieben
ßirel leiben
ßk'ßel anfangen
ßowaz' (linel) hungrig (sein)
ßoworel lernen
ßoworutjun Brauch
ßp'anel töten
ßp'aßel warten
ßp'exani Heftpflaster
ßp'ort' Sport
ßrt'agin herzlich
ßt'anal empfängen, erhalten
ßt'oragrel unterzeichnen
ßt'ugel kontrolieren
ßup' Suppe
ßur scharf
ßut' aßel lügen

T

t'ak heiß, warm
t'ak' unter
t'akßi Taxi
t'anel tragen, hinbringen
t'aradram Valuta, Devisen
t'ari Jahr
t'arik (Lebens-)Alter
t'arr Buchstabe
t'at Großmutter
t'atsch'ar Kathedrale
t'chur traurig
t'ënt'eßak'an wirtschaftlich
t'ënt'eßuhi Hausfrau
t'ënt'eßuntjun Wirtschaft
t'eßarshan wajrer Sehenswürdigkeiten
t'eßnel sehen
t'ewel dauern
t'ex Platz *(Ort)*
t'ex Stelle
t'ëxa Sohn
t'exadrutjun Lage *(geogr.)*
t'exek'anal informieren
t'exek'aznel benachrichtigen
t'exek'utjun Auskunft, Information
t'omß Fahrkarte, Platzkarte
t'omßi arshek Fahrpreis
t'on Fest
t'onak'at'arum Feier
t'onel feiern
t'un Haus
t'urißt'ak'an bjuro Reisebüro
t'xa Junge
tal geben
tang teuer
tangaran Museum
tarach Eiter
targmanel übersetzen
targmanitsch Dolmetscher, Übersetzer
tarm frisch
tat'ron Theater
taz naß
te ob
tejapox Trinkgeld
tel Faden
tert Zeitung
tert Blatt
tetew leicht *(nicht schwer)*
tëtu sauer
torrnik' Enkel(in)
tramwaj Straßenbahn
trrtschel abfliegen, fliegen
trrtschun Vogel
tsch'amp'ruk' Koffer
tsch'anap'arh Weg
tsch'anatschel kennen
tsch'asch Mittagessen
tsch'ëgnasham Krise
tsch'ëscht'ap'ah pünktlich
tsch'ischt' genau, richtig, wahr
tsch- nicht
tschap'ß Größe *(Kleidung u. ä.)*
tschapasanz zu (+ Adjektiv)
tsche nein
tschek Scheck
tschor trocken
tujl t'al erlauben
tujlt'wutjun Erlaubnis
tujlt'wutjun unenal dürfen
tujn Gift
tuxt Papier
twak'an Datum

U

um wessen
unenal haben
urach fröhlich
urachanal sich freuen
urachutjamb gern
ußanox Student
usch spät
uschanal sich verspäten
usenal wollen
ushex stark
ushi medsch gültig
ußuzitsch Lehrer
ußuztschuhi Lehrerin
ut'el essen
uxark'el schicken
uxeberr Gepäck
uxek'zel begleiten
uxeworutjun Reise
uxeworutjun k'at'arel reisen
uxix geradeaus
uxxutjun Richtung

W

wach Angst
wachenal (-iz) sich fürchten
wajr Ort
wajrk'jan Sekunde
wak'zinajow p'at'waßt'el impfen
wardsel mieten
wardsow t'al vermieten
warel fahren
warrwel brennen
warshwel üben
wasel laufen, rennen
waßt'ak'el verdienen
wat' schlecht
watsch'arrel verkaufen
wax früh
waxë morgen
waxë tsche mjuß orë übermorgen
wer k'enal aufstehen
weradards Rückfahrt
werap'ahel buchen, reservieren
werdsch Ende
werew oben
werk Wunde
wermak' Decke *(Bett)*
werznel nehmen
wiraworel beleidigen
wiraworwaz' verletzt
witsch'el streiten
wnaßwaz'k Verletzung, Panne
wor daß, um zu ...
wor(ë) welcher
worak' Qualität
wordi Sohn
worjewe mek'ë jemand
woroschel entscheiden
worow het'ew weil
wort'ex wo, wohin
wort'exiz woher
woßk'i Gold
woßt'ik'anutjun Polizei
wot'k Fuß
wot'ow zu Fuß
wotsch nein, nicht-
wotsch' Stil *(Architekt.)*
wotsch bard einfach
wotsch mi t'ex nirgendwo/-hin
wotsch wok niemand
wotschintsch nichts
woxdschunel begrüßen
wra auf
wrajow über *(örtl.)*
wran Zelt
Wraßt'an Georgien
wrazakan georgisch
wrazeren Georgisch *(Sprache)*
wrazi Georgier
wßt'ah sicher
wt'angawor gefährlich
wtar Unfall
wtarank Panne
wtsch'arel zahlen, bezahlen
xek'awarutjun Führung

Z

z'ak' Loch
z'anotanal
sich vorstellen
z'anr schwer
z'araw (linel)
Durst (haben)
z'arr Baum
z'arrajox Angestellte(r)
z'arrajutjun Behörde
z'axik' Blume
z'ëchachot' Tabak
z'ënëndjan or
Geburtstag
z'er alt *(nicht jung)*
z'iz'axel (mi bani wra)
lachen (über etwas)
z'noxner Eltern
z'ow Meer
z'owap Strand
z'ragir Programm
z'rar Briefumschlag
z'ujl faul *(träge)*
zachk Gebühr
zank'anal wünschen
zaw Schmerz
zawal schmerzen
zaz'r niedrig
zë tschüß
zëchel rauchen
zujz t'al zeigen
zurt' kalt
zuzahandeß
Ausstellung

Kauderwelsch-Sprechführer

gibt's für unheimlich viele Sprachen und Dialekte:

Der Autor

Robert Avak, geboren 1966, studierte von 1986 bis 1990 Englisch und Deutsch an der Fachhochschule für Übersetzen in Maastricht (Niederlande). Er ist zur Zeit als Dolmetscher und Übersetzer für Armenisch tätig, hauptsächlich im Bereich Asylrecht.

„Allein in den Jahren 1995 bis 1998 bin ich dreimal nach Armenien gereist. Die große Liebe zu meiner armenischen Muttersprache, die Schönheit von Jerewan, der Hauptstadt Armeniens und meine grenzenlose Bewunderung für dieses kleine gebirgige Land im Kaukasus, das von einem gastfreundlichen Volk mit Sinn für Humor bewohnt wird, hat mich zur Anfertigung dieses Sprachführers angeregt. Hoffentlich wird dieses Büchlein ebenfalls eine kleine Anregung sein für alle, die Armenien besuchen wollen.
Ich widme dieses Buch meiner Frau Lilit in größter Liebe."